HISTOIRE
ABRÉGÉE
DE L'ANTIMOINE.

HISTOIRE ABRÉGÉE DE L'ANTIMOINE, ET PARTICULIEREMENT DE SA PRÉPARATION,

Par M. JACQUET,

Ancien Chirurgien de S. A. S. Msr. le Prince Louis de Wirtemberg.

A PARIS,

Chez { L'AUTEUR, rue des Saints Peres, n°. 56.
PRAULT, Imprimeur du Roi, Quai des Augustins, à l'IMMORTALITÉ.

1784.

HISTOIRE ABRÉGÉE DE L'ANTIMOINE,

Et particulierement de sa préparation & des Cures qu'il opere.

C'est du milieu de la contradiction & des expériences multipliées que naissent la vérité & la certitude ; telle est la marche de l'esprit humain ; telle a toujours été celle de la Faculté de Médecine de Paris. Ce Corps prudent & respectable n'admet au nombre de ſes remedes que ceux qui portent le caractere de l'évidence. Ce n'eſt point ſur des ſuccès douteux qu'il juge de l'efficacité des nouvelles Découvertes ; la ſanté du citoyen lui eſt trop chere. Attentif à réprimer l'audace des Novateurs, il attaque indiſtinctement l'ignorance, le zele indiſcret & les eſſais dangereux.

L'Antimoine, connu & employé dans les remedes dès le ſiecle d'Hippocrate, & dont ce pere de la Médecine fait un éloge diſtingué dans ſes ouvrages, n'a trouvé grace devant la Faculté de Paris qu'en 1666 ; il a fallu cette longue ſuite d'années pour la convaincre des bons effets qu'il était capable de produire. Les différentes préparations de ce minéral, faites & administrées par les plus habiles praticiens de son Corps, les cures qu'elles procuraient chaque jour, ne furent pas capables de l'engager à prononcer avant ce tems.

Enfin, après avoir proscrit l'Antimoine, tant qu'il lui resta des doutes, la Faculté le reçut d'une voix unanime, aussitôt qu'elle fût suffisamment instruite.

Appliqué à la chymie depuis ma jeunesse, moins encore par état que par goût, j'ai voulu m'assurer de toutes les vertus & de tous les vices qu'on attribuait à l'Antimoine.

Je me suis attaché à lire tous les Auteurs qui traitent de ce minéral & de ses qualités. J'ai souvent répété les expériences qui m'étaient indiquées dans ces livres; j'en ai essayé de nouvelles, je me suis appuyé du sentiment des plus célebres Chymistes, j'ai suivi leurs procédés dans toutes mes opérations; j'ai doublé, triplé mon travail pour parvenir à l'évidence; mais me défiant de moi-même, presque certain d'avoir réussi, je suis revenu sur mes pas, toujours guidé par mes premiers maîtres; enfin, après quatorze années, je suis parvenu à voler de mes propres aîles.

Le résultat de mes opérations réitérées, fut que ma préparation ôtait à l'Antimoine les qualités qu'on soupçonnait pouvoir être nuisibles & qui avaient toujours effrayé les Médecins circonspects, en lui conſervant les parties excellentes qu'ils reconnaiſſent dans ce précieux médicament.

Mais avant de mettre ſous les yeux du public l'approbation diſtinguée que la Faculté de Médecine de Paris a donnée à ma nouvelle préparation antimoniale, avant d'expoſer les différentes maladies dont ce remede eſt victorieux, la maniere de s'en ſervir, avant de rendre un compte exact des cures opérées par ſon uſage, il me paraît néceſſaire d'examiner par quelle marche longue, pénible & traverſée, l'Antimoine eſt parvenu à obtenir une place diſtinguée parmi les plus précieux médicamens. Ce coup d'œil hiſtorique fera connaître quelle attention ſcrupuleuſe les vrais Médecins ont apportée de tout tems dans le choix des remedes. C'eſt à l'expérience qu'ils ſe ſont toujours rendus.

Il ſeroit inutile de rechercher d'où l'Antimoine tire ſon nom, il ſuffit de ſavoir que les plus célebres Chymiſtes le placent dans la claſſe des minéraux.

Hippocrate, ce pere de la médecine, eſt le premier qui parle de l'Antimoine dans ſon traité des maladies internes; il déclare s'en être ſervi pour une maladie hiſtérique & bilieuſe avec ſuccès, & pour une autre qu'il nomme épaiſſe, & qu'il dit être produite par une pituite pourrie.

Galien, le plus fidele interprête d'Hippocrate, rapporte que ce

Médecin compoſoit de l'Antimoine, un médicament de figure quadrangulaire qu'il introduiſait dans les narines pour purger le cerveau de toutes les humeurs qui y ſéjournaient.

Ce ſeul témoignage devait depuis long-tems faire tomber l'injuſte ſoupçon que, quelle que fût la préparation, l'Antimoine conſerverait toujours dans ſon ſein des parties vénéneuſes.

Dioſcoride parle des propriétés de l'Antimoine & des cas où l'on peut s'en ſervir extérieurement, mais il n'a pas connu ſa vertu purgative; il le décide bon pour raffermir, conſolider les chairs, manger les excreſcences, cicatriſer les ulceres & guérir les brûlures.

Galien, Paul Æginéte, Oribaſe, Œtius & Acturius, s'expriment à peu près dans les mêmes termes.

Quelques Auteurs anciens & pluſieurs modernes, ne ſe ſont pas rendus à ces témoignages reſpectables; & ſans trop approfondir les véritables qualités de l'Antimoine, ils ſont reſtés dans la fauſſe opinion qu'il portait avec lui des qualités vénéneuſes.

C'eſt ce qui engagea M. Chartier, ſçavant Docteur de la Faculté de Paris, à faire l'éloge & l'apologie de l'Antimoine dans ſon ouvrage, intitulé *le plomb ſacré des ſages*; jamais preuves plus ſolides & vérifiées par les expériences n'ont été produites en faveur de ce ſalutaire remede.

Il eſt heureux pour le genre humain, que les grands effets de l'Antimoine ſe ſoient trouvés dans le cas d'être contrariés; cette eſpece de guerre, qu'on a déclarée à ce minéral, lui a fait rencontrer des défenſeurs, qui, jaloux de leur réputation, avant que de prendre ouvertement ſon parti, ſe ſont mis en état de découvrir ſes excellentes qualités.

J'ai expoſé que les anciens avaient connu quelques vertus & diverſes préparations de l'Antimoine; j'ai dit que les plus habiles d'entr'eux l'avaient juſtifié de tout ſoupçon de qualités vénéneuſes & malignes : je dois ajouter qu'avant que d'oſer s'en ſervir pour les maladies internes, ils l'ont appliqué extérieurement avec ſuccès dans tous les cas qui ſe ſont préſentés & où ils l'ont jugé convenable.

Galien lui attribue une faculté de deſſécher qui le fait entrer dans les médicamens oculaires.

Le vermillon ou cinabre d'Antimoine réduit en parfum, mis ſur des charbons ardens, était employé comme un sûr diſſicatif pour les ulceres virulens, qui quelquefois paraiſſent au fondement & parties voiſines, & il enlevait la douleur & les accidens qui les ſuivent.

La décoction d'Antimoine cru était auſſi d'uſage pour ces ſortes d'ulceres, & les eaux qui avaient ſervi à édulcorer la poudre émétique, étaient un remede ſouverain pour les maladies des yeux.

L'eau dont on édulcore aussi la céruse d'Antimoine, était excellente pour toutes galles & vices de la peau, & notamment contre les douleurs de la goutte & les humeurs froides.

Il n'y avait gueres d'ulceres, quelque fâcheux qu'ils fussent, qui ne cédassent à la vertu des liqueurs & huiles d'Antimoine.

Ces mêmes anciens employaient la céruse antimoniale & en formaient un onguent ou emplâtre avec la cire blanche & l'huile de semence de pavot blanc, & cet onguent guérissait radicalement les fluxions : cette céruse, mêlée avec le *populeum* & le *mercure cru*, emportait toutes sortes de galles, cloux & vices de la peau, quelque virulens qu'ils fussent.

Le régule d'Antimoine substitué dans l'emplâtre à la céruse, incorporé avec l'eau de plantin, résolvait toutes nodosités vénériennes, tumeurs glanduleuses, schirreuses, scrophuleuses & malignes.

Après avoir reconnu les bons effets de l'Antimoine par rapport aux maladies extérieures, on entrevit les bons offices qu'il pouvait rendre dans les maladies internes, & le succès confirma bientôt l'idée qu'on en avait conçue. Il entra dans la composition de toutes les médecines, & même dans celle des clisteres. On s'en servit utilement contre les fiévres malignes, petites véroles & autres maladies contagieuses.

Depuis Hippocrate jusqu'au seizieme ſiecle, l'Antimoine eut des partiſans & des adverſaires. Les uns le regardaient comme un remede univerſel, & ſur ce préjugé ils l'employaient indiſtinctement dans tous les cas; d'autres, ſans raiſons ſolides ni fondées, le rejettaient conſtamment, comme toujours impregné de parties vénéneuſes.

A proportion de nos progrès dans la Chymie, l'Antimoine acquit de la célébrité, & l'on peut dire que par les diverſes préparations que l'on a faites de ce minéral, il n'en eſt point qui ait fourni un plus grand nombre de remedes & plus efficaces.

Vers l'an 1550, la ville de Baſle & les plus célebres Univerſités d'Allemagne, avaient reconnu les vertus de l'Antimoine; on en trouve la preuve dans l'Antidotaire ſpécial de Jacques Weker, Médecin de cette école, où il donne place non-ſeulement au ſaffran d'Antimoine, mais encore au verre & aux fleurs de ce minéral.

L'Antidotaire de Florence, compoſé par Cluſius, approuve l'huile d'Antimoine.

Le College des Médecins d'Amſterdam, place l'Antimoine entre les remedes ſimples.

Le Collége de Veniſe eſt de ce dernier ſentiment : on en voit des preuves dans ſa Pharmacopée, dreſſée par les ſoins de Curtius Marinellus, un de ſes Docteurs.

L'Univerſité de Padoue, & les plus célebres Univerſités de l'Italie en ont approuvé la pratique, & l'Antimoine y a été long-temps connu ſous le nom de *poudre d'Algarot*, du nom du Médecin Véronais, qui le premier l'a miſe en vogue.

Environ l'an 1570, la Faculté de Médecine de Cologne a permis l'uſage de l'Antimoine : on le trouve dans ſon Diſpenſaire, compilé par les ſoins de Hubert Faber, aſſiſté par Bernard Groneberg, Jean Ekius & Théodore Birkmann, ſçavans Médecins de ce tems.

En 1618, le College de Londres donna place à l'Antimoine dans ſa Pharmacopée, en faiſant diſtinction du ſaffran, du verre & de la poudre, & en proteſtant n'avoir fait entrer dans ce Livre aucun médicament qui n'ait été examiné sérieusement, & confirmé par plusieurs expériences. Cet arrêté est signé de trente-quatre Docteurs, tous célebres par leurs écrits.

A ces grandes autorités, on peut en ajouter de particulieres.

En 1540, Antonius Musa Brassavolus Ferrarois, fit imprimer ses Dialogues sur la Médecine. Il place l'Antimoine au rang des plus précieux médicamens.

Alexandre Massaria Vicentin, fameux professeur de Padoue, lui donne encore une place plus distinguée dans sa pratique médicinale. Il y traite expressément de l'Antimoine, & avoue que son usage est salutaire en quantité de cas, & qu'il s'en est efficacement ſervi dans les maladies les plus violentes.

Vincent Alſarius-à-Cruce le recommande pour l'épilepſie.

Godefroi Stéeghius, Médecin ordinaire de l'Empereur Rodolphe II, le faiſait prendre dans les fiévres peſtilentielles.

Jean Andernac, Docteur de la Faculté de Paris, en conſeille toutes les préparations pour les fiévres, hydropiſie, épilepſie & autres maladies rebelles.

Si dans ces tems, au milieu des diſputes qui s'élevaient touchant l'Antimoine, les plus habiles Médecins ne laiſſaient pas de l'adminiſtrer avec ſuccès, ainſi qu'on peut le remarquer par ce que je viens de rapporter, à combien plus forte raiſon ne doit-on pas ſe promettre une grande réuſſite & un très-grand avantage de la nouvelle préparation par laquelle tout ce qu'on peut y ſoupçonner ou de nuiſible ou de trop actif ſe trouve enlevé ?

Parmi les diverſes conteſtations que l'Antimoine a cauſées en Médecine, il n'en eſt pas de plus conſidérable que celle de 1556, ſoit que la nature de ce minéral ne fût pas encore aſſez connue, ſoit qu'on n'eût encore tenté aucune préparation capable de le modifier au gré des Médecins.

La Faculté de Médecine de Paris fit cette année un décret pour en défendre l'uſage, & le Parlement le confirma. Julien Paulmier, de Caen, grand Chymiſte & célebre

Médecin, ne s'y étant pas conformé, la Faculté le dégrada en 1609.

L'Antimoine ne fut cependant pas par-là si décrédité que plusieurs Médecins n'en fissent usage, & ne travaillassent de façon à le faire insérer dans le Livre des médicamens composé par ordre de la Faculté en 1637.

Enfin, en 1652, soixante-un Docteurs-Régens de la Faculté se déclarerent ouvertement en faveur de l'Antimoine, & rendirent leur sentiment public en ces termes :

Le sentiment des Docteurs-Régens en Médecine de la Faculté de Paris touchant l'Antimoine.

Nous soussignés Docteurs en

Médecine de la Faculté de Paris, certifions à tous qu'il appartiendra, que les qualités de l'Antimoine ayant été, par un long usage & une expérience continuelle, reconnues de nous être grandement convenables à la guérison de quantité de maladies, nous déclarons que ce remede, bien loin d'être chargé d'aucune malignité vénéneuse, a plusieurs autres vertus qu'un Médecin peut employer à combattre heureusement grand nombre de maladies, moyennant qu'il le fasse avec beaucoup de prudence & de discrétion, en foi de quoi nous avons voulu signer cet écrit. Fait à Paris, le vingt-sixieme Mars 1652.

R. Chartier, J. Degortis, Henaut,

naut, F. Guenaut de Pois, J. Bourgeois, de Vailly, de Beaurains, de Bourges, Pijart, Quiquebœuf, Ducledart, Bedé Desfougerais, de S. Jacques, Joudin, V. Bodineau, J. Thevart, C. Hubaut, Rainssant, Vacherot, J. Chartier, Leger, le Vignon, Denyau, le Mercier, Richard, le Tourneur, Akakia, Marés, J. Gavois, D. Joncquet, F. Langlois, Pajot, le Breton, le Gaigneur, J. Cousin, G. Petit, Moriau, J. Garbe, Guyet, de Mercenne, Dupont, Tardi, Maurin, J. Hamon, Morand, J. Renaudot, E. Renaudot, Bachot, Dieux-Ivoye, Mauvillain, de Bourges, Hureau, M. Langlois, Lopes, Arbinet, Desarte, F. Landrieu.

Malgré cette fameuſe atteſtation, la querelle dura juſqu'en 1666, que la Faculté, ſuffiſamment inſtruite & convaincue des bons effets de l'Antimoine dans nombre de maladies, révoqua ſes défenſes, & donna un décret pour autoriſer l'uſage des préparations de ce minéral.

Alors la plus grande partie des Médecins de la Faculté l'employerent avec le plus ſignalé ſuccès dans la cure difficile des carnoſités & de tous les accidens qui accompagnent le mal vénérien, dans l'apoplexie, dans la léthargie, & ils s'accorderent à le reconnaître comme le plus ſouverain fébrifuge.

Kunkel eſt le premier qui l'ait

pris cru. Il fut malade d'un violent rhumatiſme en 1674; il étoit alors à Wirtemberg, & il conſulta ſur ſon état Daniel Sennert, grand Médecin Allemand, qui lui répondit qu'à l'occaſion d'une douleur violente & opiniâtre, comme était celle dont Kunkel ſe plaignait, un Médecin Italien avait donné avec ſuccès à Vienne en Autriche l'*Antimoine*, mais qu'il ne ſavait pas la préparation néceſſaire pour corriger l'Antimoine de poiſon. Kunkel, plus chymiſte que Sennert, penſait (& avec raiſon) que l'Antimoine ne tenait pas du poiſon, & il ſe ſouvint que Baſile Valentin s'en ſervait pour engraiſſer les pourceaux, & qu'il le donnait auſſi aux chevaux. Il ſe détermina à en faire usage. Il le prit pendant sept jours, commençant par cinq grains & finissant par trente-cinq. Ce remede le fit transpirer & uriner. Ensuite il se reposa trois jours. Le dixieme jour, étant dégoûté de la conserve dans laquelle il prenait l'Antimoine porphyrisé, il en fit faire des tablettes avec l'écorce confite de citron & de la canelle : il entrait dans chaque tablette vingt-cinq grains d'Antimoine, & il en prenait chaque jour une tablette divisée en trois parties, c'est-à-dire, une le matin, une autre à midi, & la troisieme le soir, & il se trouva par ce moyen guéri au bout d'un mois.

Kunkel assure qu'en 1679, il en prit avec succès pour une fiévre quarte. Il le recommande pour les maladies qui ſont accompagnées de paralyſie, pour les fiévres longues qui viennent des mauvaiſes humeurs, ſoit que ces fiévres ſoient intermittentes, ſoit qu'elles ſoient continues; pour les douleurs de goutte, pour les enfans noués, pour les fleurs blanches, pour les maladies de la peau, &c.

Epiphane Ferdinand, hiſt. 17, dit que l'Antimoine eſt le véritable remede des véroles invétérées.

Quelques Chymiſtes ont prétendu que les vapeurs de l'Antimoine étaient nuiſibles à la ſanté. M. Malouin aſſure formellement le contraire. Ce célebre Médecin dit qu'il a beaucoup travaillé ſur l'Antimoine, ſans jamais en reſſentir d'incommodités, & pense qu'on ne doit craindre les vapeurs d'Antimoine, que comme on craint les vapeurs du soufre, & assurément on ne doit pas redouter les vapeurs du soufre, comme des vapeurs arsénicales.

M. Lemery, un des Chymistes qui ait le plus fait d'expériences sur l'Antimoine, n'en a jamais été incommodé. Depuis quatorze ans que je travaille sur ce minéral, je ne me suis pas apperçu qu'il exhalât quelque vapeur dangereuse.

M. Lesmant, de Rouen, prétend que c'est à tort qu'on accuse l'Antimoine de répandre des vapeurs nuisibles; que jamais il n'en a reconnu dans ses procédés, quoiqu'en sa vie il ait brûlé une prodigieuse quantité de ce minéral. Il va plus loin; il rapporte qu'un homme incommodé d'asthme, venait continuellement chez lui pour prendre & manger cette espece de farine blanche, qui se forme lorsqu'on prépare le verre d'Antimoine, & que cet homme s'en trouva bien.

Je ne suis entré dans ce long détail qu'à dessein de convaincre ceux qu'un reste de préjugé, ou une défiance sans fondement, empêcheraient de faire usage de ma préparation antimoniale dans le besoin. J'aurais pu, pour le persuader, avoir recours à une immense quantité de preuves, d'expériences & d'autorités étrangeres, mais je me bornerai à prier mes lecteurs de consulter plusieurs Médecins Français qui ont parlé de l'Antimoine *ex professo* : tels sont entr'autres, Jean Renout, Docteur Régent de la Faculté de Paris, & célebre praticien de son tems. Jean Guinscher Andernans, dialogue 7, tome 2, *de vetere & nova Medicina;* Jean Rioland, fameux Professeur & Docteur Régent de la Faculté de Paris, dans sa méthode particuliere sur l'hydropisie; D. Baillard, aussi Docteur Régent; dans ses divers ouvrages; Jean Martin, premier Médecin de la Reine-Mere, & Professeur au College royal à Paris, dans ses commentaires sur le livre des maladies internes d'Hippocrate, ainsi que le discours apologétique de l'Antimoine du célebre Renaudot, Médecin de Paris.

Que si l'on veut s'appuyer sur des autorités vivantes, il faut lire ce qu'en ont dit dans leurs sçavans écrits, Messieurs Malouin, dans sa Chymie médicinale; Maquet, dans ses œuvres de Chymie, & Baron dans ses commentaires sur Lemery.

D'après cet exposé, il résulte donc que l'Antimoine, connu & employé dans les médicamens depuis le siecle d'Hippocrate jusqu'au nôtre, n'a jamais paru aux Médecins qui l'ont administré, d'un usage pernicieux. Il résulte qu'ils s'en sont servis avec succès dans quantité de cas, & que les maladies les plus rebelles ont cedé à ses vertus.

Pourquoi maintenant refuserait-on de reconnaître son efficacité & ses bons effets, lorsque préparé sous les yeux de la Faculté, employé constamment par plusieurs de ses Docteurs, il fait journellement des cures qu'on ne peut révoquer en doute? Pour ne laisser aucun nuage sur la bonté de ma nouvelle préparation antimoniale, je me crois obligé de rendre un compte exact de ma conduite & des précautions que j'ai prises, avant de la regarder moi-même comme un médicament d'une utilité incontestable : je ne pouvais mieux m'en assurer, qu'en la soumettant à l'examen de la Faculté de Médecine de Paris. Je présentai la Requête suivante à ce Corps si rigide & si éclairé, lorfqu'il s'agit d'approuver ou de rejetter un remede d'où dépend la vie de ses concitoyens.

A MM. les Doyen & Docteurs-Régens de la Faculté de Médecine en l'Université de Paris.

Le sieur Jacquet, ci-devant Chirurgien de S. A. S. le Prince Louis de Wirtemberg, ayant quitté cette partie pour se livrer entierement aux recherches Chymiques, s'est sur-tout appliqué à l'analyse de l'Antimoine, & il est enfin parvenu à tirer de ce demi-minéral un des plus excellens remedes qui soient connus dans la Médecine. A l'aide d'une manipulation particuliere, il purifie ce mixte des parties qui ont toujours effrayé les plus célebres

Praticiens dans l'adminiſtration d'un médicament, dont, à cela près. l'efficacité eſt univerſellement reconnue.

Son deſſein, en quittant l'Allemagne, a été de le préſenter à la Faculté de Médecine de Paris, afin qu'il fût ſcrupuleuſement examiné par une compagnie, dont les déciſions ne ſont pas moins reſpectées dans les pays étrangers qu'en France même.

D'après les premiers ſuccès que ſon remede a eus, ſous les yeux de différens Médecins, qui en ont vu les effets & ſuivi l'adminiſtration, il n'a pas manqué de puiſſans protecteurs qui lui ont voulu faire nommer des Commiſſaires.

Mais le deſir qu'ils ſoient pris

dans le ſein de la Faculté de Paris, l'a enhardi au point de s'adreſſer à vous, Meſſieurs, convaincu que le zele que vous avez toujours fait naître pour le bien public, vous rendra recommandable tout ce qui peut tendre à ſon utilité, comme vous rejetteriez toute eſpece de charlatanerie.

Les vues du ſieur Jacquet ſont conformes à l'eſprit dont la Faculté a été de tout tems animée, & il ne veut à cet égard s'écarter en rien de ſes principes.

Voici donc ce qu'il ſe propoſe.

Prouver à la Faculté que de l'Antimoine ſeul on tire un remede ſupérieur à tout ce qui a été connu juſqu'ici pour guérir les maladies de la lymphe, celles de la peau &

la vérole même, tel en un mot, qu'employé comme fondant, chaque dose est suivie d'un effet marqué. De plus, point de mystere sur sa préparation. Si la Faculté juge à propos de lui nommer six ou huit Commissaires, il le préparera en leur présence : bien persuadé cependant que MM. les Commissaires lui garderont un secret inviolable, afin que lui seul reste au moins, pendant sa vie, l'unique possesseur & compositeur de son remede.

En supposant sa préparation faite en présence de MM. les Commissaires désignés par la Faculté, le résultat sera déposé en tel endroit que la Faculté désignera, afin que MM. les Commissaires & tels autres de MM. les Docteurs qui le trouveront à propos, puissent en suivre l'administration, & juger de ses effets dans les diverses maladies auxquelles il est spécifique.

Par-là la Faculté, seul juge compétent de la composition & des vertus des médicamens, se trouvera, sans aucun scrupule, à portée d'exercer une portion de son autorité.

C'est pourquoi le sieur Jacquet supplie la Faculté de lui accorder six ou huit Commissaires aux fins d'examiner la composition & la vertu de son remede, pour leur rapport être fait à la Faculté, dont il attend la décision, & à laquelle il se soumettra avec un profond respect. *Signé* JACQUET.

A Paris, ce 2 Avril 1761.

M. le Thieullier, Doyen, fit la lecture de cette requête dans une assemblée de la Faculté, qui, par un décret exprès, nomma six Commissaires, savoir, MM. Vieillard, Verdellan, Bellot, Barbeu Dubourg, le Thieullier le jeune, & Guilbert de Préval, qui, après avoir assisté aux différentes préparations, firent le rapport suivant, le Vendredi 26 Février 1762.

MESSIEURS,

La préparation d'Antimoine du sieur Jacquet differe de toutes celles que nous connoissons.

Elle est le résultat de différentes opérations pratiquées sur le régule martial d'Antimoine, non tout à fait tel qu'il est écrit dans le codex de la Faculté, mais avec cette ſeule différence que le ſieur Jacquet emploie une plus grande quantité de fer pour faire ſon régule.

Pluſieurs de Meſſieurs les Commiſſaires ont employé ce remede dans différens cas.

Il paraît que le ſieur Jacquet était fondé à dire qu'on pouvait l'adminiſtrer à une très-grande doſe, ſans qu'il excitât le vomiſſement. *Signés* Vieillard, Verdelhan, Bellot, le Thieullier & Guilbert de Préval, Docteurs-Régens & Commiſſaires nommés par la Faculté.

Il eſt néceſſaire de remarquer que cinq Commiſſaires ſeulement ont ſigné ce rapport : le ſixieme, quoique favorablement prévenu pour le remede, ayant eu dans ce tems-là des affaires qui ne lui permirent pas d'affifter aux opérations dont il eft fait mention ci-deffus.

Ce rapport fut approuvé par un décret de la Faculté, qui exhorte tous les Médecins de conftater de plus en plus les vertus de ce médicament.

Le Mercure de France, les Journaux publics, firent mention dans le tems de tout ce qui s'étoit paffé à la Faculté pendant le cours de cette affaire. La Gazette de Médecine, du 3 Juillet 1762, n°. Ier., entra dans un plus grand détail.

Rien de plus honnête, dit-elle, que le procédé de M. Jacquet, qui mérite d'être accueilli de tous les amateurs de la Médecine & de l'humanité. Peu importe au public de ſavoir le détail des différentes manipulations auxquelles il ſoumet ſon régule martial d'Antimoine ; mais ce que le public a intérêt de ſavoir, & que je crois pouvoir demander ici en ſon nom au ſieur Jacquet, c'eſt :

1°. Sous quelle forme ſe prend ſon remede ?

2°. A quelle doſe ?

3°. En quelles circonſtances ?

4°. Avec quelles attentions ?

5°. Quels ſont ſes effets ſenſibles & immédiats ? On nous dit bien qu'il ne fait point vomir ; mais on ne nous apprend point s'il purge, s'il provoque les urines ou les ſueurs, s'il favoriſe du moins la tranſpiration inſenſible, ou s'il corrige les vices des humeurs, & ſpécialement de la lymphe, ſans exciter aucune évacuation extraordinaire ?

6°. S'il agit doucement ou fortement, & s'il n'a pas beſoin quelquefois d'être ſecondé ou modifié par quelque addition. La réponſe à ces diverſes queſtions me donnera peut-être occaſion de lui en faire de nouvelles, mais toujours également ſimples, & uniquement en vue de l'utilité publique.

Les queſtions que me propoſait l'Auteur de la Gazette, étaient trop intéreſſantes pour ne pas regarder comme un devoir d'y répondre ſur le champ. Je le fis de cette maniere le 3 Juillet ſuivant.

1°. Sous quelle forme se prend ce remede?

En poudre, en bols ou en pilules.

2°. A quelle dose?

Depuis six grains jusqu'à vingt-quatre & trente.

Comme correctif des humeurs, on le donne par gradation, depuis six grains jusqu'à douze, sans qu'il fasse aucun effet sensible.

Comme purgatif, on le donne depuis douze, & plus communément depuis dix-huit grains, jusqu'à vingt-cinq & trente, selon que les malades sont plus ou moins faciles à émouvoir. Il purge sans tranchées, sans irritations, & sans causer aucune sorte d'évacuations extraordinaires.

3°. Dans quelles circonstances on l'emploie ?

Dans tous les maux provenans de l'acrimonie des humeurs, ou de l'épaississement de la lymphe, les maladies de la peau, les obstructions des glandes, le lait répandu, les écrouelles, & sur-tout les maladies vénériennes tant récentes qu'invétérées.

Dans le commencement des gonorrhées, tems auquel les purgatifs ne sont pas de saison : donné alors comme correctif, à la dose de six grains, il calme les douleurs; dans tous les cas de tumeurs, il n'est pas de meilleur fondant, au jugement de Messieurs les Médecins qui en ont fait usage.

Ce nouveau remede peut être

ſubſtitué au Kermès minéral dans tous les cas, ſans exception, avec cet avantage qu'on peut le donner à bien plus grande doſe, ſans aucun des inconvéniens que l'on a quelquefois reprochés au Kermès.

4°. Quelles attentions exige-t-il?

Les mêmes précautions que la prudence exige pour tout autre remede : de boire quelque choſe par-deſſus, comme infuſion de thé, de ſauge, de méliſſe, &c. bouillon aux herbes, &c.

5°. Quels ſont ſes effets ſenſibles & immédiats?

A petite doſe, il ne produit aucun effet ſenſible, & la ceſſation du mal pour lequel il a été ordonné, eſt le ſeul ſigne auquel on reconnaît qu'il a agi. A une doſe plus forte, il purge par les ſelles, comme il eſt dit ci-deſſus.

6°. Agit-il doucement ou fortement, & n'a-t-il jamais beſoin d'être ſecondé ou modifié par quelqu'addition?

Il agit très-doucement. Juſqu'ici on l'a toujours employé ſeul. Cependant, ſelon les vues que Meſſieurs les Médecins peuvent avoir à remplir, il peut ſe combiner, ſans inconvénient, avec tout autre médicament, quel qu'il ſoit.

Maniere de ſe ſervir de la préparation Antimoniale.

Prenez des racines d'oſeille, de patience, de chardon-roland, de chicorée & de régliſſe, de chacune une once au plus; une poignée de chicorée

chicorée ſauvage, une de fénouil & une once de ſéné mondé.

Jettez ſur le tout quatre pintes d'eau bouillante, & laiſſez infuſer juſqu'au lendemain.

Le malade prendra le premier verre ſur les ſix à ſept heures, & le ſecond ſur les huit à neuf; & deux heures après le ſecond verre, il prendra un bouillon qui lui ſervira de déjeûné. Il dînera à ſon ordinaire; ſa boiſſon ſera moitié eau & moitié vin : il obſervera de ne manger aucune crudité.

Ces quatre jours expirés, il ceſſera l'uſage de la tiſanne & commencera celui de l'Antimoine, en en prenant trois jours de ſuite. Sur les ſix à ſept heures, il mangera un potage, qui lui ſervira de ſoupé;

& en ſe mettant au lit, il avalera un bol : le matin, il prendra une infuſion légere de thé ou de méliſſe, ou une chopine de petit lait; le quatrieme jour de l'uſage de l'Antimoine, qui ſera le ſeptieme du traitement, il prendra deux bols pour ſe purger, en faiſant uſage de bouillon aux herbes pour favoriſer les évacuations. Le malade dînera légerement.

Les trois jours qui ſuivront le premier jour de purgation, il continuera de même tous les ſoirs, & aux mêmes heures, à prendre un ſeul bol, & ſe purger encore le quatrieme.

Comme il pourrait arriver que deux bols ne purgeaſſent point, en ce cas on continuerait chaque jour deux bols pendant quatre jours, au bout desquels on en prendrait quatre pour se purger, en se remettant le lendemain à deux bols comme auparavant.

S'il arrivoit que quatre bols ne purgeassent pas, on ferait usage de la tisanne suivante.

Prenez chiendent, réglisse, un peu de chaque; une once d'orge perlé; faites bouillir le tout pendant un quart-d'heure dans trois chopines d'eau, retirez le pot du feu, & jettez-y un gros de séné, que vous laisserez infuser six heures.

Après la prise de deux bols, le malade prendra deux verres de cette tisanne dans la matinée, à distance de deux heures, & continuera pendant quatre jours, & se remettra ensuite à l'usage de deux bols, sans tisanne, pendant quatre autres jours; le cinquieme, il en prendra quatre pour se purger.

Si le malade trouvait quelque difficulté à prendre ce remede le soir, en ce cas il pourrait le prendre le matin, & deux heures après boire l'une des infusions indiquées ci-dessus; de même si on avait quelque dégoût pour les tisanes, dont on a donné les recettes ci-dessus, l'on pourrait substituer en leur place les bouillons suivans.

Prenez des racines de patience sauvage, de bardane, lavées & coupées par tranches, de chacune une once; faites-les bouillir avec demi-livre de rouelle de veau, dans trois chopines d'eau, que vous réduirez à la moitié; ajoutez la derniere heure du cerfeuil & des sommités de houblon, de chacune une poignée.

Passez ensuite le tout par un linge avec une légere expression, & partagez-le en deux bouillons, à prendre, un le matin à jeun, & l'autre le soir sur les cinq ou six heures, faisant fondre dans chacun un gros de sel de Glauber.

On peut, si l'on veut, substituer le petit lait à la tisanne & aux bouillons. On en boira une chopine lorsqu'on ne prendra qu'un seul bol; mais lorsqu'on fera usage de notre Antimoine préparé comme un purgatif, à la dose de deux ou trois & même quatre pilules, il faudra en boire une pinte.

La nouvelle des bons effets de mes pilules antimoniés fut bientôt portée en Allemagne, en Italie, en Angleterre, & dans la plûpart des principales villes de nos provinces, & j'eus la satisfaction de recevoir à ce sujet des lettres qui me persuadent que leur usage sera bientôt général.

Plusieurs Médecins de la Faculté de Paris employent journellement ma Préparation d'Antimoine dans les diverses maladies ci-dessus énoncées.

Un de ses Docteurs fit parvenir à l'Auteur de la Gazette de Médecine la lettre suivante ; elle se trouve à la tête du n°. 49, 18 Décembre 1762.

*Lettre à l'Auteur de la Gazette de Médecine, par M***, Docteur-Régent de la Faculté de Paris.*

« D'après ce que vous avez annoncé dans vos feuilles, Monsieur & cher confrere, à l'occasion du remede du sieur Jacquet, il me paraît que c'est une suite nécessaire de vous communiquer le résultat des divers effets qu'il a produits, lorsque je l'ai administré.

Au commencement de l'année 1762, un particulier d'environ 35 ans, fut attaqué de divers accidens vénériens, savoir trois chancres à la partie supérieure interne du prépuce, & de deux autres, dont l'un avait séparé le filet, & l'autre, plus petit & plus profond, avait ſon ſiége à côté du filet à la commiſſure du gland & du prépuce. Il ſe déclara outre cela une gonorrhée très-virulente ; les cuiſſons qu'elle produiſit inquiéterent & effrayerent le malade beaucoup plus que les autres accidens qu'il ne prit d'abord que pour de légeres excoriations. Ce fut dans cet état qu'il mit le comble à ſon malheur, en s'adreſſant ſucceſſivement à pluſieurs perſonnes dont le zele ſupérieur aux lumieres le perdit & le réduiſit à la plus fâcheuſe extrémité. Je ne ſais par quels moyens ils vinrent à bout de faire diſparaître les trois chancres ſupérieurs; mais deux poulains qui leur ſuccéderent, les autres accidens ſubſiſtans toujours, réduiſirent le malade, qui ne pouvait plus quitter le lit, dans un état si fâcheux, qu'il me fit appeller pour lui procurer un secours qui n'avait déjà été que trop différé : de son propre aveu, il y avait plus de six mois qu'on avait commencé à le traiter ; il ne put ou ne voulut me rendre compte ni du nom de ceux auxquels il s'était confié, ni des remedes qu'ils avaient employés ; il me dit simplement qu'un de mes confreres, Médecin de son maître, l'avait vu une fois ; mais que n'ayant jamais osé lui découvrir le genre de sa maladie, il ne s'était point mis à portée de profiter de ses lumieres. Son état me fit compassion, & le trouvant trop faible pour le soumettre à l'usage des anti-vénériens ordinaires, je lui fis prendre à petite dose l'Antimoine préparé du sieur Jacquet, en commençant d'abord par quatre grains chaque jour, pendant six jours. Le premier succès que j'obtins à cette dose médiocre, fut un peu de sommeil, & une diminution considérable des douleurs qui sans doute s'y opposaient. Encouragé par ces premiers succès, j'augmentai la dose par gradation, de deux grains chaque jour, jusqu'à ce que je fusse parvenu à douze grains. Les forces alors devenues un peu plus considérables, je lui en fis prendre douze grains le matin, & six le soir pendant trois jours, après lesquels je lui en prescrivis douze le matin, & douze le soir. Jusqu'à ce tems, je n'avais obtenu d'autre avantage qu'un peu de force, un sommeil plus naturel, la cessation des douleurs, des cuissons & des autres légeres incommodités qui accompagnent ordinairement ces sortes d'accidens; mais les poulains continuaient toujours d'être durs, les deux chancres ouverts, & la gonorrhée coulait aussi, tantôt plus, tantôt moins. J'augmentai alors le remede de trois grains, c'est-à-dire, que deux fois par jour, soir & matin, il en prenait quinze grains. Ce fut à la dixieme prise, ou cinq jours après l'usage de cet Antimoine, à la dose de quinze grains, que j'apperçus manifestement son effet fondant & anti-vénérien. Tous les symptômes diminuerent à vue d'œil : le malade ſe trouvant beaucoup plus fort, faiſait toutes ſes fonctions auſſi parfaitement qu'en bonne ſanté. Je le reſtreignis alors à une fois par jour. Le ventre devint libre de plus en plus, à proportion de l'augmentation. Arrivé à la doſe de vingt-quatre grains, qui eſt la plus grande que je lui aie fait prendre en une ſeule priſe, il fut purgé vigoureuſement pendant les quatre premiers jours, ſans que cependant ce flux ſalutaire altérât tant ſoit peu ſes forces ; au contraire, ces évacuations multipliées les augmentaient encore. A la ſeptieme priſe, tous les accidens énoncés ci-deſſus diſparurent. Je le fis continuer encore pendant huit jours, & enſuite de deux à trois jours l'un, pendant quelque tems; par ce moyen, sa santé s'est parfaitement rétablie, & il se porte à merveille aujourd'hui».

J'ai cru devoir rapporter cette lettre en son entier. C'est un certificat authentique qui constate la bonté de ma Préparation Antimoniale, & il est d'autant plus digne de foi, qu'il vient d'un Docteur-Régent de la Faculté, aussi versé dans la pratique de la Médecine, que dans la théorie.

Je pourrais m'appuyer de nombre de lettres qui m'ont été adressées par quantité de célebres Médecins étrangers. En louant mon remede, ils prennent la peine de m'instruire des bons effets qu'il a opérés toutes les fois qu'ils se ſont trouvés dans le cas de l'administrer ; mais il me ſemble que ce ſerait enfler inutilement ce diſcours, & me rendre ſuſpect de vanité & de charlatanerie. Je laiſſe, à la reconnaiſſance de ceux qui en ont uſé, le ſoin de publier les ſecours qu'ils en ont tirés. L'approbation de la Faculté de Médecine de Paris doit captiver la confiance du public en faveur de ce remede ; & le bien qu'il opérera doit être ma récompenſe.

Au reſte, je ne puis paſſer ſous ſilence que la Faculté de Médecine, lorſque j'ai travaillé ſous ſes yeux ma Préparation Antimoniale, a remarqué que je commençais mes divers procédés en opérant ſur le régule martial d'Antimoine ; que celui-ci ne differe du régule martial formulé dans le Codex, qu'en ce que je fais entrer une plus grande quantité de fer. Mais qu'on ne borne pas-là ma Préparation, elle n'eſt point du tout un régule martial; les procédés divers qui ſuivent ce premier, l'ont totalement dénaturé, avant que j'en obtienne ce qui conſtitue ma Préparation. Ce ſerait donc à tort qu'on la regarderait comme un régule martial, ainſi que quelques-uns l'ont prétendu mal-à-propos.

C'eſt ce que Meſſieurs les Commiſſaires ont été à portée de voir bien évidemment par les deux préparations que j'ai faites en leur préſence dans le laboratoire de Chymie de la Faculté, & c'eſt précisément sur les procédés subséquens que tombe l'observation de MM. les Commissaires, lorsqu'ils disent que ma préparation différe de toutes celles qui sont connues jusqu'à ce jour.

Je ne puis me refuser de mettre sous les yeux du public, déjà prévenu en faveur de ma Préparation Antimoniale, quelques preuves évidentes, qui attesteront, sans contradiction, ce que je viens d'avancer. Entre un assez grand nombre de cures constatées par l'authenticité la moins suspecte, j'en rapporterai quelques-unes opérées sous les yeux & par les mains de célebres Médecins, qui, dans les cas les plus désespérés, ont cru devoir faire usage de mon remede. Ces amis de l'humanité n'ont pas craint d'exposer publiquement la conduite qu'ils ont tenue, & les heureux succès dont leurs travaux & leurs lumieres ont été couronnés toutes les fois qu'ils ont eu recours à mon Antimoine préparé. Ces détails sont clairs & de la plus grande importance. Je ferai aussi parler les malades eux-mêmes. Qui mérite plus de créance qu'un infirme qui atteste qu'il doit la fin de ses souffrances à tel ou tel remede, après avoir infructueusement tenté tous les moyens possibles pour recouvrer la santé, sans avoir pu réussir?

Commençons par le compte que rend un Docteur de la Faculté de Médecine de Paris au sujet de deux importantes guérisons, qu'il avoue devoir à ma préparation. Il s'explique en ces termes dans les papiers publics (1).

» Ce remede eſt une nouvelle préparation de l'Antimoine, dont les effets ſont merveilleux. Chaque jour on opere, par ſon uſage, les plus rares guériſons. Il eſt certain que ce fondant a toutes les propriétés du vif argent, ſans en avoir aucun des inconvéniens qui font redouter les préparations mercurielles les plus ſagement adminiſtrées.

L'inventeur de ce remede, ſi utile à l'humanité, a travaillé ſous les yeux de la Faculté de Médecine; pluſieurs Membres de cette

(1) M. Guilbert de Préval, Docteur-Régent de la Faculté de Médecine.

Ecole célebre ont examiné, en qualité de Commiſſaires, les procédés & les réſultats de M. Jacquet. Ils ont enſuite éprouvé le fondant ſur pluſieurs malades. Ce ſont ces ſuccès décidés qui ont déterminé de très-habiles Médecins à conſeiller & à employer cette préparation. La vérole la plus opiniâtre, les écrouelles, les dartres; en un mot, tout vice lymphatique, de quelque nature qu'il ſoit, ne réſiſte pas à ce puiſſant fondant, quand un homme éclairé préſide à ſon adminiſtration. D'ailleurs c'eſt un bon purgatif à la doſe de dix-huit grains, & les perſonnes qui ont quelqu'épaiſſiſſement dans les humeurs ou quelqu'embarras dans les viſcères, ſe trouveront bien de ſon uſage. On n'avance rien ici de trop ».

Le même Docteur détaille enſuite les affreux accidens vénériens dont était accablé un malade qui lui tomba entre les mains, & qu'il guérit radicalement, en ſe ſervant de ma Préparation Antimoniale.

Il ajoute qu'une fille domeſtique qui avait employé inutilement beaucoup de différens remedes pour guérir des dartres dont elle était couverte ſur le viſage, les bras, la poitrine & le long du dos, s'eſt trouvée au bout de trois mois, par l'uſage de l'Antimoine préparé, en état de rentrer dans la maiſon que ſa maladie lui avait fait quitter.

De ſemblables rapports ne peuvent être ſuſpects. Je puis en

dire autant d'un Mémoire déposé dans une feuille publique, & qui vient d'une plume accoutumée à traiter en maître la matiere médicinale.

« La préparation d'Antimoine du sieur Jacquet, dont les effets sont déjà connus par les divers usages qu'en ont fait les Médecins, est un des meilleurs fondans qu'on puisse employer en médecine. Elle a cela de particulier que, sans avoir aucun des inconvéniens qu'on reproche à toutes les préparations où entre le mercure, elle en a toutes les propriétés : M. Jacquet ayant trouvé le moyen de réunir les propriétés du mercure & celles de l'Antimoine. Sa préparation a de commun avec le mercure d'être antivénérienne au meilleur degré, puiſque par ſon moyen on guérit des maladies qui ont réſiſté avec la plus grande opiniâtreté aux préparations mercurielles les plus renommées, aux frictions mêmes, comme exoſtoſes, les duretés des glandes, les gonorrhées les plus invétérées. Dans les nouvelles, c'eſt une choſe bien remarquable, que deux ou trois priſes de cette Préparation faſſent conſtamment ceſſer les cuiſſons & ardeurs, qui dans les premiers tems de cette incommodité, ſont les ſymptômes les plus inſupportables aux malades. Dans tous les autres vices lymphatiques qui ſemblent dégénérés du vénérien, comme les ſcrophules, dartres & maladies catanées, il faut convenir qu'il n'eſt pas de remede plus efficace, puiſqu'on a guéri, par ſon moyen, ce que toutes les préparations mercurielles les plus connues & les plus renommées, la cigue même, n'ont pu guérir, quoique ces remedes fuſſent adminiſtrés par d'excellens Médecins. Dans les engorgemens ſpontanés des glandes, du foie, ſa réuſſite eſt également certaine. Tous faits dont on a la preuve en main. Cette préparation d'Antimoine ſe peut auſſi employer dans tous les cas, ſans exception, où l'on emploie le Kermès minéral, dont tous les Médecins-Chymiſtes connaiſſent les inconvéniens, en quadruplant la doſe de M. Jacquet. On l'adminiſtre de la même maniere que le Kermès.

L'événement convaincra ceux qui l'emploieront, qu'il eſt décidément préférable au Kermès, ſur-tout dans tous les cas où la délicateſſe de poitrine & des viſcères demande du ménagement.

La ſuite nous apprendra que dans les maladies putrides, ce remede n'eſt pas indifférent, &c. ».

Entre toutes les lettres qui me ſont parvenues, j'en vais choiſir quelques-unes. Les malades y développent eux-mêmes leur état, les commencemens, les gradations & la fin de leurs maladies. C'eſt, je crois, le ſeul moyen pour écarter les nuages qui obſcurciſſent un nouveau remede, & c'eſt l'unique qui puiſſe convenir à un homme encore plus ami de l'humanité, que

que jaloux d'une réputation brillante ou d'un gain acquis par toutes ſortes de voies. Toutes ces lettres ſont authentiques, & reconnues véritables par l'approbation, exprimée en ces termes :

J'ai lu par ordre, &c. nouvelles Obſervations, &c. je certifie que les témoignages qui y ſont rapportés ſont conformes aux lettres qui m'ont été préſentées en original, &c. A Paris, ce 7 Septembre 1765. *Signé* POUSSE.

Les ſix lettres ſuivantes ont été adreſſées à un Docteur-Régent de la Faculté de Paris.

LETTRE PREMIERE.

A Reims, ce 10 Juillet 1763.

MONSIEUR,

Un de mes amis, lisant le Mercure de France du mois de Juin dernier, y ayant trouvé l'article 4, pages 145 & suivantes, intitulé : *Arts utiles, Chirurgie*, concernant le remede fondant de M. Jacquet, ancien Chirurgien de Son Altesse Monseigneur le Prince de Wirtemberg, lequel remede vous avez employé avec succès, m'a envoyé ce Mercure : je l'ai lu avec attention. J'ai même copié cet article.

Je crois que ce remede pourrait m'être utile dans une maladie de la lymphe dont je suis attaqué depuis plusieurs années, & de laquelle je n'ai pu être guéri, malgré les différens remedes que j'ai pris, lesquels n'ont rien opéré qu'un léger adoucissement. Permettez donc que je vous rende un compte exact de cette maladie, & des différens remedes qui m'ont été administrés, afin que par l'examen que je vous prie d'en faire scrupuleusement, vous puissiez décider si ce remede me serait avantageux & opérerait certainement ma guérison : en ce cas, me mander la façon de le prendre avec succès, & celle avec laquelle il faut se comporter en le prenant : ſi ce remede eſt en pilulles, opiat ou liquide, quelles précautions il faut obſerver avant de le prendre, en le prenant & après l'avoir pris ; enfin tout ce qu'il faut faire généralement pour le prendre avec ſuccès.

En 1754, mes yeux commencerent à larmoyer, enſuite vinrent tous bordés de rouge & fournirent des ſéroſités aigres qui durciſſaient de façon que le matin de chaque jour, j'étais obligé de déſiller mes yeux avec un linge doux trempé dans de l'eau de fontaine & un peu d'eau-de-vie. J'ai été ſaigné & purgé. Ces accidens ont ceſſé, mais pour peu de tems. Cette maladie a recommencé avec plus de violence. Je ne pouvais voir ni feu, ni chandelle. Nouvelle ſaignée, nouvelle purgation ; emploi de différentes eaux. Ces remedes ont un peu adouci les douleurs, & rien de plus, mes yeux étant encore malades. Il me vint des dartres farineuſes ſur le viſage; la tête fut remplie de gros boutons, ce qui me mit hors d'état de ſortir pendant pluſieurs mois. Je pris beaucoup de bouillons rafraîchiſſans, dans leſquels on employait le creſſon de fontaine, les écreviſſes, la racine de patience, &c. Ces dartres ont diſparu pendant quelque tems, & ſe renouvellaient enſuite. J'ai conſervé ce mal d'yeux & ces dartres jusqu'en 1760, tantôt un peu plus fort, tantôt moins.

M. Josnet, Médecin renommé en cette Ville, me fit ouvrir au mois de Mai 1760 un cautère au bras gauche : je l'ai porté jusqu'au mois de Novembre de la même année que j'ai été obligé de le supprimer, tant parce qu'il ne coulait presque point, qu'à cause de l'inflammation qui s'était jettée sur mon bras. J'ai pris dans ce tems les bains domestiques qui m'ont été peu favorables : j'ai passé l'hiver dans une situation assez triste, ayant toujours mal aux yeux, & le visage & la tête garnis de dartres ; je prenais toujours des bouillons rafraîchissans. Au mois d'Août 1761, M. Josnet jugea à propos de me faire ouvrir un autre cautère à la jambe gauche, mais il ne réussit pas mieux que le premier ; au contraire, vers la fin de Juin mes jambes ſe remplirent de boutons ; elles s'ouvrirent & coulerent avec abondance. J'avais des démangeaiſons conſidérables, & une grande inflammation : j'étais obligé de baigner mes jambes fréquemment avec une décoction de petit lait & de cerfeuil : je ne pouvais les poſer à terre ſans douleur. J'ai été dans cet état juſqu'à la fin de l'été. Alors je marchai un peu plus aiſément, quoiqu'avec beaucoup de difficulté.

Vers la fin d'Octobre de la même année 1761, il s'eſt répandu ſur tout mon corps un éréſipelle qui m'a attaqué depuis la tête juſqu'aux pieds : le plus fort a commencé ſur la poitrine, eſt deſcendu ſur le ventre, a attaqué les parties, enſuite les cuiſſes, les jambes & enfin les pieds, où il eſt fixé depuis longtems ; enſorte que mes pieds répandent continuellement beaucoup d'eau, & que depuis que les chaleurs ſont ſurvenues, je ſuis ſouvent obligé de changer de bas, & j'ai grande peine à marcher.

Il arrive cependant quelquefois que mes pieds coulent peu, & alors les humeurs ſe reportent à la tête: les yeux & les oreilles deviennent malades. Mes oreilles depuis longtems coulent continuellement ; enſorte que cet écoulement me cauſe de la ſurdité. J'ai eu des glandes qui ont coulé autour de mon cou, & actuellement j'ai le deſſous du menton fort gros.

Dans les mois de Juillet & Août de l'année derniere 1762, j'ai été me baigner à la riviere ; ces bains m'ont soulagé beaucoup. Je comptais toucher au moment de ma guérison ; mais l'hiver étant revenu, j'ai essuyé les mêmes accidens que l'année précédente, avec cette différence néanmoins que ces accidens ont été moins considérables.

Plusieurs de mes amis prenant part à ma situation, me conseillerent de passer par les grands remedes ; malgré ma répugnance, assuré de la conduite sage que j'ai toujours tenue, je proposai à M. Sornet, Médecin, & à M. Museux, Lieutenant de M. le premier Chirurgien du Roi, & Chirurgien-major de l'Hôtel-Dieu de cette

Ville, de m'appliquer ces remedes par frictions : il s'y trouva de la difficulté, en ce que les parties sur lesquelles ont aurait pu les faire, n'étaient point aussi saines qu'il convenait ; mais M. Josnet suppléa à ce remede par l'usage des pilulles de Béloste que j'ai prises l'année derniere, & que je prends encore actuellement sans succès.

Actuellement les matins & les soirs je souffre beaucoup des pieds. Je suis âgé de quarante-neuf ans ; & malgré la situation triste & douloureuse dans laquelle je me suis trouvé, j'ai toujours eu bon appétit, & hors le tems des démangeaisons, je dors passablement.

De grace, Monsieur, examinez ce Mémoire scrupuleusement ;

voyez ſi le fondant ou Antimoine préparé de M. Jacquet peut me guérir : indiquez-moi la façon de le prendre avec ſuccès. Mandez-moi s'il eſt néceſſaire que je me tranſporte à Paris pour prendre ce remede, alors je me conformerai à votre déciſion.

J'ai l'honneur d'être, &c.

On ne peut gueres détailler les divers accidens d'une maladie avec plus de ſoin & plus de clarté. En conſéquence de cet expoſé, M..... Médecin en réputation, & de la Faculté de Paris, crut que le malade pouvait faire uſage à Reims même de ma Préparation Antimoniale, & lui preſcrivit le régime qu'il devait ſuivre ; ce qui donna lieu à la réponſe ci-après.

LETTRE II.

Reims, le 23 Août 1763.

MONSIEUR,

Pour vous retracer la conduite que j'ai tenue en prenant le remede de M. Jacquet, suivant votre ordonnance du 26 Juillet dernier, je vais vous rendre un compte exact, qui est relatif à ce que vous m'avez prescrit.

J'ai commencé le Mercredi 3 Août à prendre le matin un bouillon avec le sel de Glauber ; le même jour le soir une pilulle d'Antimoine pur avec un bouillon sans sel : j'ai continué les 4, 5 & 6.

Le 7 au matin, j'ai pris quatre bols d'Antimoine composé, avec cinq ou six tasses d'infusion de réglisse ; cela m'a purgé fort bien, j'ai rendu la bile par haut.

Les 8, 9, 10, 11 & 12, j'ai pris les bouillons ordinaires matin & soir avec le sel de Glauber.

Le 13 matin, un bouillon avec le sel de Glauber. Le même jour le soir, une pilulle & demie d'Antimoine pur avec un bouillon sans sel. J'ai continué les 14, 15, 16, 17 & 18.

Le 19 matin, quatre bols de pilulles composées, avec cinq à six tasses de mélisse. J'ai été très-bien purgé.

Les 20, 21 & 22, j'ai pris les bouillons ordinaires avec le sel de

Glauber ; je les continuerai les 23 & 24.

Le 25 matin, je prendrai un bouillon avec le ſel de Glauber ; le même jour le ſoir, je prendrai deux pilulles d'Antimoine pur, & je continuerai les 26, 27, 28, 29, 30, 31 & 1 & 2 Septembre.

Je vous préviens aujourd'hui, Monſieur, afin que vous m'indiquiez la conduite que j'aurai à tenir. J'ai profité des chaleurs qui ſont ſurvenues pour prendre quatre bains à la riviere, & je continuerai.

Ma ſituation actuelle, eſt que mes oreilles coulent avec abondance jour & nuit ; la gorge ou le deſſous du menton eſt toujours gros ; depuis huit jours la peau s'eſt ouverte derriere le col, & il en ſort beaucoup de ſéroſités. Mes pieds coulent conſidérablement, ſont très-enflammés & douloureux; ce qui me cauſe des démangeaiſons conſidérables ſur ces parties.

J'attends l'honneur de votre réponſe, &c.

LETTRE III.

Reims, le 2 Septembre 1763.

MONSIEUR,

Par ma lettre du 23 du mois dernier, je vous ai rendu compte de l'uſage que j'avais fait du remede de M. Jacquet, ſuivant votre ordonnance. C'eſt aujourd'hui le dernier jour que je dois prendre les deux pilulles des treize; mais comme je n'ai point reçu de vos nouvelles pour changer la façon de continuer ce remede, j'ai pris le parti de vous écrire de nouveau pour vous prier de donner à la personne qui vous remettra la présente, les ordonnances nécessaires pour continuer à prendre ce remede & autres que vous jugerez à propos de m'ordonner. J'espere que j'obtiendrai guérison. Depuis quelques jours mes oreilles coulent très-peu, & l'extérieur est bien nettoyé : le col qui s'était ouvert est desséché, & il n'y reste plus rien : le menton est diminué de beaucoup; il y reste encore un petit gonflement : le visage est naturel, le plus grand mal eſt ſur les pieds; cependant ils ne coulent plus avec ſi grande abondance. Je ſuis, &c.

LETTRE IV.

Reims, le 16 Septembre 1763.

MONSIEUR,

Pour vous rendre compte de ma ſituation préſente, j'ai fait uſage de l'eau que vous m'avez envoyée que j'ai mêlée par moitié avec de l'eau de guimauve; j'en ai arroſé les endroits où ont ſiégé les dartres. Au deuxieme ou troiſieme bains, mes pieds ſe ſont deſſéchés, & depuis n'ont fourni aucunes ſéroſités. Il s'eſt élevé deſſous &

dessus des pellicules que j'ai enlevées : mes oreilles ne coulent plus. Il me reste toujours une légere surdité. Il ne reste plus rien sur les endroits où il y a eu des dartres. Mes pieds sont toujours doulouloureux, mais les douleurs sont bien moins considérables que cidevant

J'ai commencé avant-hier à prendre trois pilulles d'Antimoine pur, je continuerai les 17, 20 & 23.

Mon plus grand mal à présent, ce sont les deux pouces des pieds, dont les ongles se déracinent à la couronne.

Je crois enfin que je touche au moment de ma guérison ; en effet, il me semble que je suis dans un autre monde : ſi cela arrive, comme j'ai lieu de l'eſpérer, ce ſera à vous, Monſieur, & à l'Antimoine de M. Jacquet, que j'en aurai toute l'obligation. Ce ſera une obſervation intéreſſante à mettre dans les Journaux. Continuez-moi vos ſoins, je vous en conjure, & ſuis, &c.

LETTRE V.

Reims, le 5 Décembre 1763.

MONSIEUR,

Tous mes maux ont diſparu, à l'exception des deux pouces de mes pieds qui ſuintent encore un peu en dedans. Je dois ce changement aux pilulles Antimoniées, au régime que vous m'avez prescrit, & à votre eau desséchante. Je vous prie de m'en envoyer deux bouteilles & une boîte de pilulles; suivant votre avis, je continuerai encore quelque tems à m'en servir.

Je ne doute plus de mon entiere guérison, je bois, je mange, je dors, je marche & suis avec reconnaissance, &c.

LETTRE VI.

A Reims, ce 6 Mars 1764.

MONSIEUR,

Comment vous marquer ma reconnaissance? Depuis trois mois je jouis d'une santé parfaite. Tous les ſymptômes de ma maladie ont diſparu, mes forces renaiſſent & me prouvent que je ſuis radicalement guéri. Il n'eſt plus queſtion de dartres ſur tout mon corps, je ſuis dans un autre monde. Après dix années de ſouffrances, ma joie eſt bien pardonnable. Vous m'avez rendu la vie. Si vous connaiſſez M. Jacquet, comme je n'en puis douter, annoncez-lui la cure que viennent de faire ſes pilulles Antimoniées. Engagez-le pour le bien de l'humanité à rendre publique ma guériſon. Puiſſent les malades travaillés par ces cruelles humeurs dartreuſes, avoir autant de confiance que moi en ſon remede, & en recevoir le même ſoulagement!

Recevez..... ce faible témoignage de ma reconnaiſſance, & ſoyez perſuadé que je ſerai toute ma vie, &c.

Ce n'eſt pas à moi que ce malade s'eſt adreſſé : ce n'eſt pas moi qui ai conſeillé mon remede ; enfin ce n'eſt pas moi qui ai conduit cette maladie : c'eſt un malade qui ſe confie à un célebre Médecin de la Faculté. Ce Médecin ordonne mes pilulles Antimoniées, le malade eſt guéri ; il annonce ſa guériſon lui-même par les témoignages ſinceres de ſa reconnaiſſance. Si l'on doit ajouter foi à une cure, c'eſt ſans doute à celle-là. Le fait parle & je ne dois rien ajouter. Je paſſe à une autre guériſon.

LETTRE PREMIERE.

A.... ce 15 Mars 1765.

MONSIEUR,

J'ai vu depuis peu dans les nouvelles publiques, l'annonce de votre découverte en chymie, ſous le titre de Préparation Antimoniale, pour les maladies cutanées & pour les vices de la lymphe. Comme je me trouve attaqué opiniâtrement d'un mal qui prend ſa ſource dans la lymphe, je m'adreſſe à vous, Monſieur, pour ſavoir ſi je puis eſpérer d'être guéri avec l'uſage de votre remede. Cependant je vous avouerai que je ſuis extrémement rebuté des remedes intérieurs, dont j'ai tant fait uſage depuis trois ans, que ma ſanté en eſt viſiblement altérée. Je vais vous peindre mon état, & je vous prie d'y faire attention.

J'ai maintenant trente-cinq ans: à ſeize je me trouvai entraîné dans le libertinage: une gonorrhée s'enſuivit, ſans éprouver de plaiſir & ſans aucune éjaculation : cette gonorrhée, qui me dura ſix mois, & qui fut mal arrêtée, déchira les vaiſſeaux ſpermatiques à un tel point, qu'il m'en eſt reſté un relâchement habituel qui a réſiſté à tous les remedes. Tel était mon état en 1760, lorſque je partis pour les Indes. Pendant le voyage, je fus aux portes de la mort. Une dartre d'abord farineuſe, puis très-vive, couvrit

couvrit les parties, & s'étendit de tous côtés, avec d'affreuſes démangeaiſons & des crevaſſes, dont il ſortait une eau rouſſe. J'uſai alors de toutes les pommades mercurielles, mais ſans ſuccès, la dartre continuant toujours. Tous les Médecins renonçant à l'eſpoir de me guérir, me conſeillerent de repaſſer en France.

De retour dans ma Patrie, en 1762, je me mis aux bouillons d'écreviſſes, &c. aux tiſannes de ſquine, &c. Alors il me vint aux parties des cloux gros comme des noix, qui me cauſerent des douleurs incroyables. Il ſe jetta ſur mes yeux une partie de l'humeur. Je ceſſai les bouillons, & par avis d'habiles Médecins, je fis uſage de différens remedes connus qui n'eurent pas plus de ſuccès que ceux que j'avais précédemment pris (1).

Si vous jugez, Monſieur, que votre Préparation Antimoniale puiſſe opérer une guériſon qui a réſiſté à tant de remedes, ayez la bonté de m'en envoyer, & de me preſcrire ce que je dois faire en la prenant. Je ſuis, &c.

Je paſſe ſous ſilence pluſieurs lettres écrites de part & d'autres pendant le cours de cette cure, & je me borne à celle qui conſtate la guériſon.

(1) Je me propoſe de faire connaître mon remede, & non de décrier les autres.

LETTRE II.

A.... ce 20 juin 1765.

MONSIEUR,

Vous devez être ſans doute bien inquiet de n'avoir point reçu de mes nouvelles depuis trois ſemaines ; mais j'ai attendu mon entiere guériſon pour vous écrire, & pour vous envoyer ce que mes facultés me permettent : ſi la ſomme vous paraît modique, n'en accuſez que ma fortune. Quant à ma reconnaiſſance, rien ne peut aſſez vous exprimer combien elle eſt grande & vive ; recevez-en, Monſieur, les aſſurances les plus fortes. Je ſuis très-parfaitement guéri, grace à vos bols. Ma dartre a totalement diſparu ; tous les autres accidens ſe ſont évanouis. Je ne me ſouviens pas de m'être auſſi bien porté. S'il eſt beſoin de ſuivre encore quelque tems mon ancien régime, je vous prie de me le mander. Je vous aurai les plus grandes obligations, qui cependant n'ajouteront rien aux ſentimens d'eſtime & de reconnaiſſance, & de la parfaite conſidération avec laquelle j'ai l'honneur d'être, &c.

Entendons encore un malade rendre compte de ſon état. On copie ici le certificat qu'il a envoyé.

Ayant une gonorrhée & des chancres, je m'adreſſai à un homme de l'art qui m'adminiſtra les remedes ordinaires. Mon mal augmenta, & la gonorrhée tomba dans les testicules. Mon Chirurgien me donna des frictions, au nombre de soixante, sans qu'il y ait eu aucun amendement : bien au contraire, il me vint des poulains, & la gonorrhée me tomba une seconde fois dans les testicules. Il eut recours aux fugimations qui n'eurent pas plus de succès. Quatre mois se passerent dans cet état de souffrance. J'étais dans un marasme universel. Je consultai M. Astruc, qui me dit que j'avais la vérole, mais que j'étais trop faible pour tenter de nouveaux remedes. Je consultai M. Petit, qui fut du même avis. Je me déterminai à écrire à M. Jacquet, pour savoir ſi ſon Antimoine pourraît m'être bon; il me répondit que ſon remede agiſſaît doucement, & que ſi je n'étais pas aſſez heureux pour être guéri par ſon uſage, il ne pouvait me faire de mal.

J'en pris un bol le ſoir comme altérant, & le lendemain une infuſion de thé coupé avec un peu de lait. Le remede paſſa bien ſans m'incommoder. Le troiſieme jour j'en pris deux avec un bouillon aux herbes pour favoriſer les évacuations, qui ne furent pas bien abondantes. Cette doſe me procura quatre ſelles. Au bout de huit jours je fus en état de ſortir, mes forces reprirent le deſſus, & je me trouvai parfaitement guéri après ſix ſemaines.

Il faut noter que je n'ai mis aucune drogue ſur les poulains ni ſur les teſticules. Tous les ſymptômes ont diſparu par l'uſage interne de ce remede.

Extrait de la Lettre III, de M. . . . Médecin de l'Hôtel-Dieu de Laval-Bas-Maine.

MONSIEUR,

J'ai été un des premiers à entendre parler de votre Préparation d'Antimoine & à en faire uſage.

J'ai donné votre Antimoine à une dame attaquée d'un cancer occulte à la mammelle gauche, accompagné d'une glande ſchirreuſe ſous l'aiſſelle, qui lui cauſait de vives douleurs & des engourdiſſemens dans tout le bras. Pardeſſus chaque doſe, je lui faiſais prendre un verre de décoction de racine de patience & tel fut l'effet, qu'elle ſe trouva ſoulagée de ſes douleurs au bout de quinze jours. J'en augmentais la doſe tous les deux jours.... Par ce moyen, depuis près de cinq mois, ſes douleurs ont été plus rares & fort modérées, & je tâcherai de lui faire augmenter la doſe juſqu'à trente grains.

Je fais auſſi prendre votre Antimoine à une autre perſonne, pour une dartre univerſelle qui diminue par ſon uſage.

J'ai l'honneur d'être, &c.

Extrait de la lettre IV, de M... Chirurgien Juré, Penſionnaire de la ville de Cambrai, du 4 Juillet 1765.

MONSIEUR,

J'ai lu avec plaiſir le Livre concernant votre Préparation Antimoniale, & remarqué les effets ſurprenans & ſalutaires qu'elle a produits à l'égard de ceux qui s'en ſont ſervis avec la méthode que vous preſcrivez. Je me ſuis d'autant plus attaché à la lecture de ce livre, qu'exerçant la Chirurgie depuis près de trente ans, je me ſuis ſervi aſſez ſouvent d'Antimoine, dont je connais la vertu & les qualités; de-là je conclus que ce minéral, dégagé de tout ce qu'il y a de nuisible, pouvait & devait produire des effets salutaires dans les différentes maladies, pour la guérison desquelles vous l'annoncez au public, en nous donnant des exemples de maladies invétérées, guéries par son usage.

Comme je vois un particulier dans cette Ville pour un mal vénérien, dont il avait été traité il y a deux ans par un Médecin, sans néanmoins lui avoir procuré de guérison, après lui avoir donné tous les remedes anti-vénériens, les pilules du sieur Keyser, l'eau de Van-Swieten, &c. (1) le tout

(1) Ce n'est pas moi qui parle. J'aurais été flatté, au contraire, de pouvoir supprimer ce qu'on dit ici de désavantageux de ces remedes,

ſans effet; ce particulier, attaqué d'une gonorrhée il y a environ quatre ans, s'eſt d'abord adreſſé à ce Médecin, qui lui a fait prendre les remedes ordinaires aſſez nonchalamment; de ſorte que trois ſemaines après la goute lui ſurvint, tant aux pieds qu'aux mains, aux épaules & à la tête.

Cette circonſtance fit que le Médecin alla doucement, par rapport à la cure de la gonorrhée, qui s'enracina & s'invétera de plus en plus; de ſorte que les accidens de la goute étant paſſés, la gonorrhée ſubſiſta; & enfin m'ayant conſulté après deux ans, je fus d'avis, auſſi

---

comme j'ai ſupprimé ce qu'on diſait contre d'autres remedes, dans la lettre précédente du 15 Mars 1765.

bien que le Médecin, de donner au malade des frictions de loin en loin l'eſpace de ſix mois, ſans que la gonorrhée ſe paſſât, ni les embarras & ulceres qui ſe trouvaient dans le canal de l'uretre. Cependant l'écoulement diminua, les douleurs dans l'uretre juſqu'aux proſtates étaient toujours les mêmes, & le malade jettait par les urines une matiere purulente. Il lui eſt ſurvenu une tumeur conſidérable entre l'anus & le ſcrotum, qui a diſparu pluſieurs fois par les frictions & les émolliens; mais elle eſt revenue derechef & s'eſt terminée par ſuppuration.

Ce particulier eſt âgé d'environ ſoixante ans. Au déſeſpoir de ne pouvoir rétablir ſa ſanté, malgré tant de remedes & l'obſervance d'un bon régime, je lui ai conſeillé, après en avoir conféré avec le Médecin, de ſe ſervir de votre Antimoine ; il le prend actuellement, & il en eſt à la cinquieme boîte.

Je dois vous dire que vos pilules ne le purgent pas extrêmement : il va à la ſelle une fois par jour, lorſqu'il prend une pilule, & quelquefois trois, lorſqu'il en prend quatre, & il ne s'en trouve point incommodé ; il a de l'appétit & dort bien. Ce qu'il y a de certain, c'eſt que ce n'eſt que depuis qu'il prend de votre Antimoine, qu'il ſent du ſoulagement. Il m'a prié de vous écrire, pour vous faire part de ſa ſituation, afin que vous ayez la bonté de me marquer ce que vous en penſez, & quelle eſt la durée du tems pendant laquelle il faut prendre votre remede, & s'il le faut continuer juſqu'à l'entiere guériſon.

Vous vous annoncez ſi obligeamment au public, que j'eſpere qu'en faveur de celui qui a tant de confiance à votre remede, vous voudrez bien m'honorer de votre réponſe, &c.

Je trouve dans l'Avant-Coureur du lundi 29 juillet 1765, la Lettre ſuivante adreſſée aux Auteurs de cette feuille périodique.

LETTRE V.

MESSIEURS,

Je me hâte de faire connaître au public l'efficacité d'un remede, dont vous avez plusieurs fois parlé dans vos feuilles, & dont le débit est autorisé par la Faculté de Médecine, toujours attentive à ce qui peut contribuer à la santé des citoyens.

Un particulier, attaqué depuis plus de quinze ans d'une humeur dartreuse, qui suppurait continuellement, vient d'être guéri par l'usage constant qu'il a fait, pendant six semaines, de l'Antimoine du sieur Jacquet, sans que ce médicament ait altéré ſa ſanté & l'ait empêché de vaquer à ſes affaires. Cette maladie, pour laquelle il avait employé inutilement toutes ſortes de remedes, lui rendait, par la démangeaiſon dont il était continuellement tourmenté, la vie d'autant plus inſupportable, qu'il était condamné à vivre avec ce cruel ennemi. Je vous prie, Monſieur, pour le bien de l'humanité, de rendre cette lettre publique, elle intéreſſe un grand nombre de citoyens ; cette maladie n'étant malheureuſement que trop commune.

J'ai l'honneur d'être très parfaitement, Meſſieurs, votre très-humble & très-obéiſſant ſerviteur,
D... B...

LETTRE VI.

A Marsal, le 4 Août 1765.

MONSIEUR,

Depuis deux ans il m'est survenu une humeur dartreuse sur les deux derniers doigts de la main droite, depuis la premiere articulation jusqu'aux ongles, de maniere que cet hiver, l'humeur s'étant augmentée, les deux ongles sont tombés: ils sont assez bien revenus, mais l'humeur n'a pas cédé à quantité de remedes que j'ai pris, comme purgatifs, bouillons de différentes especes, bains, &c. & depuis ces remedes cette humeur s'est jettée sur mes paupieres & au-dessous,

& à la partie inférieure de la joue gauche. Cependant le mal n'eſt pas encore conſidérable dans les ſuſdites parties, mais il paraît aſſez opiniâtre. Je fais uſage d'une once de fleur de ſureau; ce qui ne me guérit point, non plus que les deux doigts de la main & l'articulation, qui cependant ne ſont pas ſi fortement attaqués, mais ne ſont pas guéris. Cette humeur eſt périodique, ſuivant les phaſes de la lune, à ce que j'ai pu remarquer à-peu-près.

Je voudrais, Monſieur, que vous me fiſſiez la grace de me dire ſi votre Préparation Antimoniale ſerait ſpécifique pour cette maladie, qui s'eſt manifeſtée après un grand échauffement de ſang par des petits boutons ſur ces deux doigts, & qui inſenſiblement ſont devenus humeur dartreuſe, par l'acrimonie & l'épaiſſiſſement de la lymphe, à ce que je crois.

Si vous jugez, Monſieur, que votre remede ſoit propre à mon mal, je vous prie de m'en envoyer par la poſte une petite boîte, avec une inſtruction ſur la maniere d'en faire uſage. Je ſerai exact à vous en faire paſſer la valeur par la même voie. Vous aurez auſſi la bonté de me preſcrire le régime qu'il faudra obſerver pendant que je ferai uſage de votre remede, avant & après l'avoir pris.

J'ai l'honneur d'être, avec les ſentimens les plus ſinceres, Monſieur, votre &c.

LETTRE VII.

A Marsal, le 26 Mars 1766.

MONSIEUR,

Je viens de recevoir la petite boîte que vous avez bien voulu m'adresser, & qui contient quatre-vingt-cinq pilules de votre Préparation Antimoniale ; je suis fort aise de l'avoir reçue, car je commençais à en être inquiet. Mais vous ne m'avez pas mandé quel est l'objet de ce dernier envoi ; ce qui me devient nécessaire pour me mettre en état de vous faire encore une petite remise, quand j'en trouverai l'occasion.

Mes dartres vont toujours de mieux en mieux ; cependant elles ne ſont pas encore guéries, mais j'eſpere plus que jamais. J'ai ſuſpendu l'uſage de vos divins bols, à cauſe du mauvais tems & de la Semaine Sainte, pour les reprendre après les fêtes de Pâques, & les continuer juſqu'à parfaite guériſon, que je ne manquerai pas de vous annoncer auſſitôt.

J'ai l'honneur d'être, avec les ſentimens de la plus vive reconnaiſſance, Monſieur, &c.

LETTRE VIII

A Huningue, ce 10 Octobre 1766.

MONSIEUR,

Depuis trois ou quatre ans, j'ai des démangeaiſons dartreuſes pendant l'été aux doigts & aux mains. Après avoir gratté, il se fait de petites croutes causées par l'eau rousse qui en a sorti en grattant. Cela dure tout l'été, & à la fin cela tourne en matiere. Cette année la démangeaison a été si terrible, que toute la main droite a été remplie de matiere, & très-enflée : j'ai été saigné & purgé, & prends des bouillons depuis six jours. Le Médecin me promet que cela ira mieux d'ici à quinze jours, mais qu'il faut que je fasse usage de vos pilules, qui ont très-bien guéri le Major de Marsal, qui avait de pareilles dartres au visage. Je vous prie de vouloir bien m'en envoyer avec la façon de les prendre; j'en ai pris, il y a deux ans, de mercurielles, que j'ai été obligé de cesser, parceque je n'étais pas dans le cas de virus vérolique, & qu'elles me faisaient saliver. Je vous prie de ne pas tarder à me faire cet envoi.

J'ai l'honneur d'être, très-respectueusement, Monsieur, votre &c.

Si l'on daigne faire quelques réflexions sur ces dernieres cures, on y découvrira un caractere d'authenticité qui fait évanouir les doutes qui pourraient s'élever sur l'efficacité d'un nouveau remede. L'inventeur n'est pour rien dans ceci; c'est le bruit que fait une guérison opérée à Marsal, qui engage un Médecin d'Huningue à en constater la vérité, & qui le détermine à prendre les mêmes voies, & à se servir du même remede, dans un cas qu'il reconnaît être pareil, pour rendre la ſanté à un de ſes malades. Quelles preuves plus fortes voudrait-on exiger? Si elles ne conduiſent pas à l'évidence, ſi elles n'enlevent pas la confiance générale, ſi elles ne font pas tomber la contradiction & la jalouſie, de quelles armes doit-on ſe ſervir pour engager cette portion conſidérable de citoyens attaqués d'humeurs dartreuſes, à recourir à ce ſouverain ſpécifique? Ecoutons d'autres malades.

LETTRE

LETTRE IX.

A Toulon, ce 21 Décembre 1765.

MONSIEUR,

Le petit livre où vous traitez de votre Préparation Antimoniale, m'étant tombé entre les mains, les autorités dont vous l'avez revêtu, étant faites pour inſpirer la confiance, je n'héſitai point à me ſervir de vos pilules antimoniales. Sachant que vous en avez envoyé au Directeur de l'Hôpital de cette Ville, je fis venir le ſieur Roux, Chirurgien habile de cet Hôpital, à qui vos pilules ont été remiſes en dépôt. Je conſultai avec lui ſur le remede que j'allais entreprendre pour guérir des dartres très-anciennes au haut interne de chaque cuiſſe, dartres qui m'ont commencé à-peu-près depuis vingt ans, pendant une campagne de l'Amérique; enſorte que j'attribue leur cauſe à quelque levain ſcorbutique, n'ayant jamais eu de maladie vénérienne d'aucune eſpece. Tant que ces dartres ont été petites, je m'en ſuis peu inquiété, eſpérant qu'elles paſſeraient à terre, & effectivement, pendant long-tems, après un mois de ſéjour à terre, elles diſparaiſſaient preſque, mais ne manquaient pas de me reprendre vivement, quand je retournais ſur mer. Depuis deux ans, elles ne m'ont plus donné de relâche, &

ont augmenté au point de m'inquiéter beaucoup, ſans que j'oſaſſe uſer de topiques, ne voulant me fier qu'aux remedes internes. L'énoncé de votre préparation m'a tout-à-fait déterminé. J'ai commencé par prendre les bouillons de bardanne, comme vous les indiquez, & m'en ſuis très-bien trouvé. Enſuite j'ai commencé l'Antimoine par une pilule depuis huit jours. La premiere pilule me fit quelqu'effet; mais ayant bu deux heures après deux taſſes d'infuſion de méliſſe, je les vomis. Le lendemain l'Antimoine me mena encore aſſez peu; je ne vomis point la méliſſe; la troiſieme pilule, même effet; mais je vomis la méliſſe; enſorte que ne la croyant pas compatible, je la changeai pour du thé, & depuis je n'ai plus vomi.

Le jour de la purgation, je pris deux pilules, qui me menerent ſept fois : la pilule du lendemain fit un petit effet ; la ſeconde pilule toute ſeule me purgea cinq fois. Cette ſuite de purgations me détermina à ne plus prendre qu'une demi-pilule, & à en prendre une & demie les jours de purgation. La demi-pilule ne me fit aucun effet hier, & la pilule & demie, que j'ai priſe aujourd'hui, m'a encore purgé ſept fois, ce qui me détermine à continuer de même. Je dois auſſi vous dire que je reſſens pendant deux heures, à une pilule, une grande peſanteur d'eſtomac, & que votre Antimoine me travaille beaucoup à une pilule

& demie. Je ſerais bien fâché que cela devînt un obſtacle à la continuation du remede, dont je me trouve d'ailleurs fort bien. Mes dartres ſont adoucies, la peau détendue & moins racornie, ſans exciter de démangeaiſon. Voilà, Monſieur, où j'en ſuis. Votre avis ſur tout ceci, & vos conſeils feraient une tranquillité pour moi. D'ailleurs, ſi actuellement, que je me ſers des remedes internes, vous jugiez que l'on peut combiner des topiques, vous pourriez me les indiquer; car juſques-là, je ne veux abſolument rien faire d'étranger au régime que vous preſcrivez. Mon ſervice exigeant que j'aille & vienne, j'ai choiſi l'heure du matin pour prendre ce remede, ainſi que vous en laiſſez la liberté. J'ai l'honneur d'être, &c.

LETTRE X.

Toulon, ce premier Mai 1766.

MONSIEUR,

J'ai eu l'honneur de recevoir votre lettre, dans laquelle vous me mandiez la conduite à tenir dans les panſemens & médicamens que j'ai faits & donnés dans la maladie de l'enfant dont vous a parlé M. de Vertrieux, enfant âgé de ſix ans, d'un très-chétif tempérament & gâté par ſes parens. Il était cruellement rongé des ulceres & des tumeurs abcédées à toutes les articulations, les glandes du col en ſuppuration, avec calloſités & les bords renverſés.

Je lui ai fait faire uſage, pendant trois jours, de votre tiſanne & de votre Antimoine, comme le connaiſſant un remede très-efficace pour les humeurs froides, & altérant à la doſe de quatre grains. Comme cet enfant vomiſſait ce remede, je le mis à deux grains, & le jour de la purgation à trois; de ſorte que l'enfant ne prit qu'une boîte qu'il paraiſſait guéri, mais au printems il lui pouſſa des rejèttons. J'ai conſeillé à ſes parens de lui en faire prendre une ſeconde fois, ce que je dois commencer un de ces jours.

J'ai panſé les plaies de cet enfant, tantôt avec un digeſtif que j'ai composé selon ma connaissance, tantôt avec un onguent & un cérat fondant que j'ai faits moi-même ; je lui ai appliqué des cataplasmes maturatifs sur les tumeurs qui tendaient à suppuration.

Je dois avoir l'avantage de voir M. de Vertrieux un de ces jours, parce qu'il doit venir à Toulon, & je serai bien aise de savoir en quel état vos remedes l'ont mis, assuré qu'ils sont très-efficaces pour sa guérison.

J'ai pris la liberté de vous écrire au mois de septembre dernier, au sujet d'un malade qui me pria alors de le traiter, & qui avait eu cinq chaudepisses, un chancre & deux poulains, sans avoir jamais passé par les remedes. En commençant mes traitemens, je le trouvai atteint d'engorgemens considérables aux glandes des aînes, douleurs & engorgemens aux parties cutanées des épaules, pustules scorbutiques & dartres en toute la joue.

Je me décidai à employer dans cette maladie votre Antimoine, remede supérieur à tous autres. J'en fis prendre au malade deux boîtes; il fut guéri radicalement au bout de cinquante jours, à l'exception toutefois du scorbut qui lui vint, & contre lequel j'ai employé les anti-scorbutiques ordinaires.

Je vous prie de m'éclaircir plus amplement que je ne suis sur votre excellent remede, espérant en tirer quelque chofe qui me rendra utile & renommé dans le public.

Comme perfonne ne vous eft plus dévoué que je le fuis, & ne s'intéreffe plus que moi à l'efficacité de votre excellent remede & à la relation que je fais de fes admirables qualités, vous en pourrez décider à la mefure de mon attachement & de mon zele. A cette marque, il eft facile de juger de mes fentimens, qui font très-refpectueux, étant Monfieur, votre, &c. *Signé* ROUX, *Chirurgien-Major de l'Hôpital du Roi.*

LETTRE XI.

A Toulon, le 16 Mai 1766.

MONSIEUR,

J'ai vu M. de ** qui eſt arrivé aujourd'hui à Toulon ; je n'ai point manqué de lui demander quel effet a produit ſur lui votre excellent remede antimonial. J'ai appris de lui avec joie qu'il était radicalement guéri & été très-flatté d'avoir ſçu que vous étiez content de la conduite que j'avais tenue dans ſa maladie, en employant votre remede.

Il me reſte à ſavoir ſi votre Antimoine, ainſi que je le crois, ſerait bon pour la goute accidentelle.

On sait que la cause prochaine de cette maladie, vient de l'épaississement de la lymphe, & de la sinovie, occasionné par une matiere étrangere & âcre, qui fixe la lymphe & les autres fluides, & produit tous les symptômes fâcheux de cette cruelle maladie. J'attends de vous encore cette essentielle instruction.

J'ai reçu deux grosses boîtes de votre Antimoine, que vous avez eu la bonté de me faire remettre par M. de ***; je vous en fais mes très-humbles remercimens.

Ne m'épargnez point, je vous prie, Monsieur, pour quelqu'affaire que vous puissiez avoir à Toulon; je m'y employerai, comme celui qui a l'avantage d'être, avec respect, Monsieur, votre &c.

Signé ROUX, &c.

Je ne ferai aucune réflexion ſur cette cure, puiſque le malade & le Médecin en atteſtent la vérité; tout ce que je pourrais dire, y ajouterait peu de poids.

LETTRE XII.

A Paris, ce 8 Mai 1766.

MONSIEUR,

La difficulté de vous trouver chez vous, me fait prendre la liberté de vous prier de paſſer demain chez moi ſur les deux heures & demie, afin de vous faire voir un lépreux avant ſa guériſon, qui ſera due, à ce que j'eſpere, à votre Antimoine. Je compte ſur cette petite complaiſance de votre part, & vous prie de me croire avec la plus haute conſidération, Monſieur, votre &c. *Signé* CHEVALIER.

LETTRE XIII.

A Paris, ce 20 Mai 1766.

MONSIEUR,

La mere du malade lépreux, avec une exoſtoſe dans un des os du métatarſe, me dit ſamedi dernier qu'elle s'ennuyait de voir que ſon petit-fils ne guériſſait pas : elle m'a demandé une conſultation avec M. Moreau de l'Hôtel-Dieu, qui s'eſt faite hier 19 du mois. Après lui avoir expoſé l'état dans lequel a été le malade, il l'a examiné; il est resté dans l'admiration; car depuis, Monsieur, que vous ne l'avez vu, l'exostose est considérablement diminuée, les deux pieds ont été approchés l'un de l'autre, & M. Moreau, qui joint à son habileté toute la probité, n'a pu s'empêcher de rendre justice à votre remede; & il est convenu, (ce à quoi j'étais bien résolu) de le continuer, trouvant que l'exostose était bien diminuée, & que ce qui restait, eu égard à ce que je lui avais dit, était si peu considérable, que le malade serait guéri en peu de tems. Il reste encore un peu d'*empâtement*, autrement dit, d'œdemacie. Ce sera, Monsieur, à votre remede que le malade devra ſa guériſon ; j'ai déjà d'autres cures opérées par votre Antimoine. Je déſire que tous mes confreres veuillent l'employer pour le bien du public. Lorſque le malade ſera parfaitement guéri, je vous le ferai voir.

J'ai l'honneur d'être, avec tous les ſentimens d'eſtime que vous me connaiſſez, Monſieur, votre, &c. *Signé* CHEVALIER, *Docteur-Régent de la Faculté de Médecine en l'Univerſité de Paris.*

Cet enfant, ſous les yeux & par les ſoins de M. Chevalier, a été entiérement guéri. Quelle que ſoit cette maladie de la lépre, qui ſemble une eſpece iſolée, cette guériſon étonnante ne prouve que plus ſingulierement ce que tous les Médecins de tous les ſiecles ont penfé, qu'il eſt dans l'Antimoine une vertu ſupérieure à celle qui ſe trouve dans les autres médicamens connus & employés en Médecine.

M. Chevalier ſe propoſe depuis long-tems de mettre au jour un corps d'obſervations ſur les bons effets de ma Préparation Antimoniale; mais cet habile Médecin, plus jaloux de faire le bien, que de publier qu'il l'a fait, plus empreſſé de porter des ſecours à ſes concitoyens, que d'en répandre les ſuccès; plus attentif à les ſoulager, que ſoigneux d'étendre ſa réputation, conſacre tous ſes momens à des courſes pénibles. L'empreſſement général à réclamer ſes ſoins, ſon activité à ne les pas laiſſer deſirer, ſont également l'éloge de ſes talens & de ſon zele.

Rien ne doit être d'un plus grand poids pour établir la confiance publique en faveur de mon remede, que la lettre qu'on vient de lire. Cependant il eſt à ſouhaiter que M. Chevalier dérobe quelques inſtans à ſes occupations, & mette la derniere main à ſon ouvrage. Ce corps d'obſervations ſur les propriétés & les effets de mon Antimoine préparé, anéantira ſans doute tout ancien préjugé, s'il en reſte encore quelques traces.

LETTRE XIV.

A Cahors, ce 7 Février 1767.

MONSIEUR,

Une abſence de ſept ſemaines & beaucoup d'affaires, m'ont empêché juſqu'à ce jour de ſatisfaire à mon inclination, en vous témoignant les ſentimens que tout le monde vous doit, & que je ſuis bien glorieux de vous devoir par des motifs particuliers. Quelques expériences faites par moi avec votre Antimoine, m'ont fait voir d'abord ſur deux perſonnes, que ce remede, le quatrieme ou le cinquieme jour, ſuſpend, comme par enchantement, les douleurs qui quelquefois tourmentent cruellement le canal de l'uretre dans le cas de cette crise vénérienne, appellée communément *chaudepisse*. Son usage alternatif d'altérant & d'évacuant, guérit en peu de tems l'écoulement, quand même il serait accompagné de malignité.

Dans une fievre *catarrale* que j'ai essuyée à Paris, je l'ai pris à la dose de dix huit grains. J'ai eu de très-amples évacuations par le bas, avec la remarque que je n'ai pas éprouvé de douleurs dans le *podex*, qui ont toujours lieu quand je prends ce *hochepot* liquide que le vulgaire appelle *Médecine douce*.

Vingt-quatre grains pris les deux jours suivans, comme altérant, m'ont ouvert la peau; & ce qui me nuiſait s'en eſt allé. J'ai eu pourtant une éruption critique au viſage : terminaiſon ordinaire de toutes mes maladies, avec cette différence, que tout a été fini en vingt-quatre heures; avantage que je n'avais jamais eu ci-devant.

La derniere perſonne qui m'a confié ſa ſanté, avait une dartre mordicante au pied, & à la partie inférieure de la jambe. La peau s'ouvrit en beaucoup d'endroits, & il en réſultait des ſaillies du corps muſqueux & du tiſſu cellulaire. Il a été guéri en deux mois par votre Antimoine, & a obſervé les avantages détaillés ci-deſſus.

J'ai l'honneur d'être, Monſieur, &c. *Signé* CREMOUX, *Chirurgien-Major du Régiment Dauphin.*

Lorſqu'un homme de l'art, éclairé par ſes propres connaiſſances, convaincu par des expériences perſonnelles, n'héſite point à ſe ſoumettre lui-même à un médicament, & atteſte ſes bons effets, peut-il reſter quelques réflexions à faire, ou quelque préjugé à combattre?

La plus ſaine partie des Médecins & des Chirurgiens, ſoit de Paris, ſoit de la Province ou des pays étrangers, adminiſtrent actuellement ma Préparation Antimoniale dans les maladies pour leſquelles elle eſt un ſpécifique. Pluſieurs, en me la demandant, ſouhaitent que je confere avec eux ſur ſon uſage. M. Pouſſe, ſi précieux à tout bon citoyen, & pour lequel je conſerve les ſentimens de la plus profonde vénération, m'écrivit en ces termes :

» Je vous prie, Monſieur, de » me faire le plaiſir de confier au » porteur deux boîtes de votre » Antimoine préparé, & d'en mar» quer le prix, dont je vous tien» drai compte lorſque vos affaires » vous conduiront dans mon quar» tier; je vous ſerai fort obligé, ſi » vous voulez me faire l'amitié » d'entrer chez moi : on me trouve » le matin avant huit heures & ſur » le midi.

J'ai l'honneur d'être, &c. *Signé* POUSSE, *Docteur-Régent de la Faculté de Médecine en l'Univerſité de Paris, & Cenſeur royal.*

LETTRE XV.

À Paris, le 25 Mars 1767.

MONSIEUR,

Je crois devoir à ma reconnaissance & au bien de l'humanité, un aveu authentique de ma guérison parfaite, que je dois uniquement à votre Antimoine préparé. Je vous prie de vouloir bien faire entrer dans le corps des nouvelles observations que vous vous proposez de donner au Public, l'historique de ma maladie. Cela servira à faire connaître l'excellence d'un remede, qui peut-être n'est pas encore assez vanté ; & à vous convaincre de mes sentimens.

Au

Au mois d'Août 1765, je reçus un coup au sourcil dans un embarras de carrosses. Je perdis beaucoup de sang par la blessure. Le lendemain, la cicatrice était fermée, & j'ai été tranquille durant quatorze jours. La journée du 15 au 16, l'œil devint extrêmement enflé, & je ressentis des douleurs de tête très-aigues. J'appellai un Chirurgien, qui me traita pendant trois semaines, sans me procurer aucun soulagement; au contraire, les deux yeux me devinrent d'une enflure énorme. Dans ce malheureux état, j'eus recours à M. Basseville, Médecin de la Faculté de Paris. Il me fit prendre des remedes internes, accompagnés de petit lait; j'ai continué ce régime pendant cinq mois.

Le 11 Novembre, M. Basseville se détermina à me faire appliquer les vésicatoires, je les ai gardés treize mois, sans succès : les yeux restaient extrêmement enflammés par l'âcreté de l'humeur qui avait son siége dans la tête. M. Basseville, ainsi que ses confreres, jugerent que cette humeur était dartreuse. J'eus recours à plusieurs Oculistes, qui déciderent mon état sans remede. C'était au mois de Décembre 1765.

C'est dans cet état que je m'adressai au sieur Jacquet, pour savoir de lui si sa Préparation Antimoniale pourrait me procurer quelque soulagement. D'après son avis, je commençai à en faire usage au mois de Décembre pendant trois semaines. Je n'ai ressenti de ce nouveau remede que des effets très-légers. Je pris patience & le continuai d'autant plus volontiers, que je ne m'en trouvais nullement incommodé, ni fatigué. Au mois de Janvier 1766, ces effets devinrent sensibles, l'humeur se détruisait par degrés; tous les symptômes disparaissaient, ma vue reprenait de la force, je me trouvais en état de sortir sans conducteur, & les progrès de ma totale guérison furent si rapides, qu'au mois de Février suivant, j'ai renoncé à tout remede, trouvant mes yeux parfaitement rétablis. Aucune faiblesse sur cette partie, aucun retour de l'humeur ne s'est fait ressentir depuis.

J'ai vaqué à mes affaires, comme avant cet accident, & je ne ressens aucune faiblesse de vue, quoique mon application à la peinture, qui fait ma profession, paraîtrait faire craindre de fatiguer cette partie délicate. *Signé* LAMBERT, rue de Vaugirard, vis-à-vis l'Académie de Vandeuil, maison de l'Artificier, lors de sa maladie, & actuellement rue Censier, près le Jardin du Roi.

LETTRE XVI.

A Paris, le 23 Février 1767.

MONSIEUR,

Je crois ne pouvoir mieux vous marquer ma reconnaiſſance, qu'en vous priant de rendre public l'hiſtorique de ma maladie & la guériſon que m'a procuré votre Antimoine préparé. Comme malheureuſement une infinité de perſonnes ſont attaquées de cette cruelle maladie, il eſt à deſirer pour le bien de l'humanité, que tout le monde connaiſſe les bons effets que procure votre remede.

Au commencement de l'année 1753, il me vint des dartres au

nombril, aux cuiſſes, aux aînes & au périné, qui firent en peu de tems beaucoup de progrès. Elles furent accompagnées de cloux qui parurent ſous les deux aiſſelles l'un après l'autre, aux genoux, aux cuiſſes & dans les différentes parties du corps. Mes dartres m'occaſionnaient la nuit une démangeaiſon inſupportable, elles jettaient avec abondance une eau âcre & gluante. Effrayé de mon état, je conſultai pluſieurs perſonnes de l'art. Une d'elles (Chirurgien) me dit que tous les bouillons rafraîchiſſans, le petit lait, les bains ne pourraient jamais me procurer une guériſon auſſi sûre & plus prompte que le Mercure. Je répugnai d'autant plus à ce remede, que je n'ai jamais eu de maladie vénérienne; mais ce Chirurgien persista, vainquit ma répugnance, & me l'administra par frictions. Pendant le traitement, qui fut de cinq semaines, les cloux disparurent, les dartres devinrent farineuses, tomberent par écailles, & mon Chirurgien m'assura que j'étais guéri; je le crus, & ma joie fut extrême; mais quelle fut ma douleur au bout de trois ou quatre mois, de voir reparaître les cloux & les dartres avec la même démangeaison & l'écoulement des eaux âcres & gluantes!

Dans cet état, on me conseilla de voir feu M. de Jussieu, qui, après m'avoir visité & questionné sur ma vie passée, désapprouva fort le remede que je venais de faire; il m'ordonna une tisanne, qui, au bout de six semaines, fit disparaître tous les symptômes de ma maladie. Quatre ou cinq ans après, il me vint une petite dartre farineuse au bas des reins qui s'aggrandit ensuite jusqu'à la circonférence d'un petit écu. Je n'y ressentais de démangeaison que médiocrement & par intervalle, ensorte que cet ennemi n'étant pas plus redoutable, je vécus avec lui sans faire aucun remede. Mais au commencement de l'année derniere 1766, la démangeaison augmenta, la dartre s'étendit, & bientôt elle fut accompagnée de deux autres qui formerent avec elle un triangle dont l'accroissement progressif les réunit en peu de tems ; ce qui me fit une plaie de neuf à dix pouces de diametre. Incontinent après, j'eus les hanches, les aînes, les cuiſſes & les bras couverts de boutons ou petites dartres, moins vives que celles des reins, mais dont la démangeaiſon était auſſi forte ; le nombril fut auſſi couvert d'une dartre qui ſuintait beaucoup.

Mon état était des plus triſtes ; j'avais perdu l'ordonnance de M. de Juſſieu. On m'indiqua un Monſieur qui avait été guéri de dartres par ce célebre Médecin : je courus chez lui ; il voulut bien me donner la recette de la tiſanne qui l'avait guéri ; j'en fis uſage pendant un mois ſans aucune apparence de ſuccès. Je conſultai alors un Médecin qui approuva ma tiſanne, m'en ordonna la continuation, & quinze jours après n'éprouvant aucune diminution, il m'ordonna les bains domeſtiques. J'en pris 62: pendant leur cours, il changea ma tiſanne. Enfin, vers le commencement de Juillet dernier, mes dartres ſécherent petit à petit. Je ceſſai les bains, & continuai la tiſanne & le régime de vie juſqu'au commencement d'Août, qu'il ne reſtait ſur mes reins, à l'endroit où avaient ſiégé les dartres, que trois taches d'un violet pourpre de la grandeur chacune d'un écu de 6 l. Je me crus alors une ſeconde fois ſauvé; mais que ma joie fut courte! Je ne goûtai mon bonheur qu'environ l'eſpace de ſix ſemaines, au bout desquelles tout reparut avec tant de violence, qu'en quinze jours de tems je me trouvai comme dans le fort de ma précédente attaque. J'étais désespéré, & je ne savais plus quel remede faire, lorsqu'un de mes amis me conseilla de tenter celui de M. Jacquet, dont on lui avait dit des merveilles. Je découvris un Monsieur qui, attaqué violemment de dartres pendant quinze ans, après avoir passé trois fois les grands remedes, prit les pilules de Béloste, &c. n'avait trouvé de guérison que par l'Antimoine préparé de M. Jacquet. Ce particulier, qui depuis deux ans jouissait de la meilleure santé, me détermina à essayer ce remede. Je fus voir son Auteur.

Les certificats authentiques & en original qu'il m'exhiba des cures ſurprenantes que ſon puiſſant remede avait opérées; ce que j'en avais appris d'ailleurs, déterminerent totalement ma confiance pour ce remede, dont je commençai à faire uſage vers la fin d'octobre, après la préparation & les précautions indiquées dans les obſervations que M. Jacquet a fait imprimer. J'ai eu la ſatisfaction dans le courant de Janvier dernier, de voir diſparaître, pour la troiſieme fois, cette maladie. La bonne ſanté dont jouiſſent ceux qui ont fait uſage de ce remede pluſieurs années avant moi, me donne l'eſpérance du même avantage.

J'ai l'honneur d'être, avec la

plus parfaite considération, & la reconnaissance la plus vive, Monsieur, votre, &c. *Signé* DE VARIGNY.

CERTIFICAT.

M. Jacquet, pour le bien de l'humanité, croit ne pouvoir donner trop d'évidence aux bons effets de sa préparation Antimoniale; il me demande un certificat authentique de la certitude de ma guérison, je le fais avec d'autant plus de plaisir, qu'en rendant justice à son remede, j'ouvre les yeux du public sur son efficacité, qui ne peut être trop répandue.

L'année 1758, étant en mer, une humeur dartreuse se porta dans ma tête: il s'y fit une éruption dans la partie chevelue de quantité de boutons, & mes oreilles rendaient une matiere âcre qui me causait des démangeaisons & des cuissons très-sensibles. Il m'est par la suite survenu trois abcès, dont un à Paris, en 1763, qui a été ouvert. J'ai été réduit à garder la chambre pendant trois mois. J'ai fait usage de tous les remedes connus, sans aucun succès. En 1766, étant à S. Domingue, il se fit une éruption très-considérable qui s'étendit sur mes yeux; je n'ai pu obtenir aucun soulagement des différens médicamens que j'ai employés dans ce pays. Etant arrivé à Toulon, on me prescrivit les bains, l'usage du lait coupé avec le cresson. Ce régime fit disparaître tout ce qui était sur le visage, mais les boutons de la tête sont restés, & par conséquent le principe de mon mal. C'est dans ce tems-là que plusieurs Officiers de la Marine, mes camarades, me parlerent de plusieurs bons effets de l'Antimoine préparé du sieur Jacquet, & m'inviterent d'y avoir recours. Je me décidai a venir à Paris pour essayer le spécifique dont mes amis m'avaient rapporté des effets surprenans dans des maladies de la nature de la mienne. Pendant ma route, le grand froid intercepta la transpiration, & il se forma deux abcès, l'un sur l'artere temporal, & l'autre au-dessous de la mâchoire inférieure : ils ont percé d'eux-mêmes. J'ai continué ma route jusqu'à Paris, où je suis arrivé le

2 Janvier 1767. Mon premier objet fut de travailler au rétablissement de ma ſanté, qui ſe trouvait en fort mauvais état. Je me reſtreignis pour tout remede aux pilules d'Antimoine préparé du ſieur Jacquet. Je les ai priſes à la doſe, & avec le régime preſcrit par ſa formule imprimée. J'ai eu la conſolation de voir tous les accidens de ma maladie diſparaître ſenſiblement. J'ai ſuivi ſon remede pendant l'eſpace de deux mois, ſans être obligé d'interrompre le cours de mes affaires, & j'ai obtenu par ſon efficacité une guériſon parfaite. Je n'ai aucun reſſentiment de mon mal. *Signé* Comte DE LA ROCHEFOUCAULT, Officier de Marine.

Sans nuire au bien de l'humanité, qui exige la publicité des bons effets de ma préparation Antimoniale, j'aurais bien voulu supprimer ce nombre de lettres & de certificats rapportés ci-dessus; mais la vérité simple & dépouillée de preuves dont elle ne devrait pas avoir besoin, est toujours contrariée, souvent obscurcie, & quelquefois trop faible pour se faire jour au milieu des erreurs dont on la couvre. Il a donc fallu suivre la route du charlatanisme pour s'opposer au charlatanisme même. Rien de plus aisé à produire que des détails de maladies que termine toujours un succès brillant; rien de plus aisé à obtenir, que des certificats de guérison signés par des personnes obſcures ou de bonne foi, qui réellement guéries, ou par un effort de la nature, ou même par les remedes ordinaires, aſſurent volontiers qu'un tel remede leur a rendu la ſanté. J'oſe prier mes lecteurs de faire attention qu'aucune des cures que je rapporte, n'eſt directement la mienne, que toutes ſont dues à l'efficacité de l'Antimoine préparé; que ce ſont de célèbres Médecins, des Chirurgiens habiles & connus qui ont adminiſtré le remede, qui ont ſuivi les maladies, & que les ſuccès ſont dus autant à leurs connaiſſances & à leur habileté, qu'à la bonté de ma préparation. S'il eſt encore des incrédules ſur cette matiere, je les prie d'interroger les Médecins, les Chirurgiens, les malades eux-mêmes ; ce qu'ils n'ont pas craint de ſigner, ils le diront volontiers; ils atteſteront la vérité des faits que j'oſe publier. Je ne me plaindrai point des doutes qu'on pourrait conſerver : ils ſerviront à étendre la réputation de mon remede. Sa publicité eſt ce que je recherche, puiſqu'elle multipliera les guériſons, & conſervera des citoyens. Ces avantages font mon eſpérance, & deviendront le prix de mes travaux.

D'après ce qu'on vient de lire, on doit être convaincu que mon Antimoine préparé eſt un fondant ſouverain dans toutes les maladies cutanées, dans les engorgemens des glandes & des viſceres, & dans les vices de la lymphe, occaſionnés par quelque cauſe que ce puiſſe être, comme vénérienne, ſcrophuleuſe, dartreuſe, lait répandu, &c. On l'a employé dans le cours de quelques maladies putrides, & le ſuccès a répondu aux eſpérances dont on s'était flatté. On l'emploie déjà en Amérique contre le *pian*, cette affreuſe maladie des négres, qui juſqu'ici a réſiſté à tous les remedes connus, & le ſoulagement n'a pas été équivoque. Il en eſt de même des bons effets qu'il opere en Irlande ſur une certaine galle ou humeur dartreuſe, qu'on pourrait preſque appeller maladie épidémique du pays.

C'eſt aux Maîtres de l'Art à

m'éclairer sur les autres propriétés de ce remede.

Je ne dois pas omettre le détail d'une cure à laquelle je ne devais certainement pas m'attendre, & qui n'est due qu'au hasard : mais combien de remedes nous ont été indiqués par cette voie ?

Un cheval appartenant au maître des carrosses de Beaumont-sur-Oyse, ayant été dessolé deux fois, & abandonné depuis quinze jours de plusieurs Maréchaux, tant de Paris, que de l'endroit, a été guéri contre toute espérance par l'usage interne de mon Antimoine. On lui en donnait quarante grains par jour dans du son mouillé. Cet animal ne pouvait jetter; il s'était formé un dépôt à son pied. Après avoir pris l'Antimoine, il lui sortit des nazeaux de gros flocons de morve, & les symptômes de la maladie se dissiperent en peu de tems. Le sabot revint contre l'attente des Maréchaux, & à présent cet animal fait le service ordinaire. Ce fait est atteste par M. Peyre, Chanoine régulier de Sainte Genevieve, & Prieur de Neullyentel. Cette expérience peut être utile à ceux qui élevent des chevaux ou qui en font commerce. Ces animaux sont d'une utilité si reconnue, sont sujets à des maux si opiniâtres, qu'on doit savoir gré à la personne qui a tenté cet essai.

J'ai rendu compte avec la simplicité qui convient à un honnête homme, de mes travaux pour parvenir à purger l'Antimoine de ses qualités nuisibles ; j'ai exposé avec vérité la route que j'ai suivie pour constater mon succès ; j'ai tenu la plume pour tracer l'historique des cures opérées par de célebres Médecins, à l'aide de ma Préparation Antimoniale ; puisse ma conduite faire connaître mon cœur, & mon remede être de plus en plus utile à l'humanité !

LETTRE XVII.

Huningues, ce 4 Juillet 1767.

MONSIEUR,

J'ai reçu les quatre boîtes que vous avez eu la bonté de m'envoyer, autant enchanté de votre noble désintéressement, que j'ai été charmé de voir dans vos nouvelles observations, mon bon & féal ami M. de Cremoux, rendre toute la justice aux pilules que je lui ai fait connaître, en l'engageant d'en faire usage.

Une lettre imprimée dans le Journal de Médecine, page 335, mois d'Avril 1767, m'a engagé d'en écrire une à M. Richard, dont vous trouverez ci-joint copie, & j'ai disposé quelques Médecins de Basle, mes voisins, d'employer votre Antidote, en les assurant qu'ils en retireront bien plus de fruit, que de tout le fatras pharmaceutique dont ils se servent très-inutilement pour le bien de leurs cuisiniers

cuiſiniers Arabeſques, ſans guérir leurs malades.

Je vous prie, Monſieur, de m'envoyer encore deux boîtes de vos pilules, & une once de votre Antimoine en poudre, pour qu'en continuant de m'en ſervir, je puiſſe l'apprécier ſuivant la juſte valeur: *Experientia rerum magiſtra.*

J'aurai ſoin, Monſieur, de vous remettre à volonté le montant de ce que je vous devrai, lorſqu'en m'envoyant ce que je vous demande, vous me ferez connaître combien je vous ſuis redevable.

Vous verrez, ſi vous voulez, M. Richard de ma part. Ami de l'humanité, il ſera flatté de pouvoir concourir avec tous les Médecins orthodoxes à faire connaître la ſupériorité de votre remede ſur tous les autres pour la guériſon des dartres.

J'ai l'honneur d'être très-parfaitement, Monſieur, votre très-humble & très-obéiſſant ſerviteur. *Signé* GUILLAUME ROBITALIE.

Lettre du ſieur G. Robitalie, écrite à M. Richard, Médecin Conſultant du Roi, premier Médecin des Armées, &c.

VIR ILLUSTRISSIME,

Laudo equidem quos Dominus Laudentte in ea, quam tibi ſcripſit epiſtola, inſtituit conatus; ſed concedere nequeo virum illum rem acu tetigisse (1). *Fuit equidem impertiginis quædam species Tiberii principatûs tempore, antea verò Romæ planè ignota, tantum contagiosa, ut solo obsculo vel contactu, non humilem aut mediam plebem, sed proceres solos invaderet; at falsum est, imò falsissimun quascumque herpetes eadem gaudere indole: novi enim familias numero plurimas, quarum membrum unum vel aliud morbo hocce laborat, absque eo quod cætera in eodem lecto decumbentia, vel saltem in iisdem ædibus degentia; herpete inquinentur. Novi viros à plurimis annis terpigine fædos, cum sanis semper uxoribus, multas proles ex omni parte sanas procreasse. Ergo, &c.*

(1) Vide Castel. & Tacit.

Falsum quoque, imò falsissimum est, deterrimum hunc & sanatu difficilimum morbum, iis, quæ induat dictus Dominus Laudentte, & ab omni ævo notis medicamentis (1), *ita cedere, ut nuspiam recrudescat, ut nuspiam novas & majores strages edat; iisdem usus, haud tanta promittere ausim: nec spissitudo & acredo indeterminata* (*lymphæ vocabula eheu Medicis & Chirurgis nimium familiaria*) *sunt causa proxima hujus morbi, sed effectus viri cujusdam specifici non nisi antidoto specifico debellandi. Hoc autem antidotum constituere pillulas Domini Jacquet, non vero extractum cicutæ, probare conabor, cum illustrissimæ*

(1) Si extractum cicutæ exceperis.

dominationi vestræ mittam, quas in præjudicatarum opinionum, & passionis cujusdam silentio institui observationes. Rogo interim illam atque enixè deprecor det mihi aliquid litterarum, &c.

Sum, &c.

TRADUCTION

DE LA LETTRE PRÉCÉDENTE

MONSIEUR,

Je rends toute la justice qui est due à M. Laudentte sur ses observations, dont il vous a fait part dans la lettre qu'il vous a adressée. Mais je ne puis convenir qu'il ait exactement saisi le vrai. Il est de fait que sous le regne de Tibere, il ſe répandit à Rome une maladie de peau d'une telle malignité, qu'elle ſe communiquait par le ſeul contact ou attouchement, ou par un ſeul baiſer. Cette peſte parut s'attacher aux Grands, & ménager le peuple. Mais il eſt peu exact d'avancer que toutes les *herpes* portent le même caractere. Je connais nombre de familles dans leſquelles il ne s'eſt trouvé qu'une ſeule perſonne ou deux au plus qui fuſſent attaquées de cette maladie, quoiqu'elles fuſſent raſſemblées en aſſez grand nombre, ſoit ſous le même toît, ſoit dans le même lit. J'ai connu des hommes attaqués de *herpigine*, qui ont habité pluſieurs années avec leurs femmes, leſquelles ſont reſtées ſaines, & dont les enfans étaient également parfaitement ſains. Il n'eſt donc pas exactement vrai que cette peſte ſoit contagieuſe au point que l'avance M. Laudentte.

Il eſt encore contre toute expérience que cette affreuſe maladie, ſi difficile à guérir, céde aux remedes connus de tous les tems, ainſi que le dit M. Laudentte, & que leur uſage la faſſe diſparaître ſans retour. J'ai mis en uſage ces médicamens, & je n'en porte pas le même jugement. On ne doit point regarder l'épaiſſeur ou l'âcreté de la lymphe, (termes trop familiers aux Médecins & Chirurgiens) comme la cauſe prochaine de cette maladie. Elle eſt l'effet d'un venin d'un caractere tout particulier, qui ne peut être combattu & détruit que par un antidote ſpécifique. Lorſque j'aurai l'honneur de vous envoyer quelques obſervations que j'ai faites, en écartant toute prévention & tout préjugé, je tâcherai de démontrer que les pilules du ſieur Jacquet renferment cet antidote, & qu'on le chercherait envain dans l'extrait de Cigue. J'eſpere avant ce moment recevoir quelques marques de votre reſſouvenir.

LETTRE XVIII.

à Angers, ce 15 Mars.

MONSIEUR,

Vous m'avez peut-être oublié; les obligations que je vous ai m'empêcheront d'en faire autant. Je me ressouviendrai toujours avec reconnaissance de l'attachement que vous m'avez témoigné à Paris. Je me ressouviendrai que vous m'avez guéri une dartre vive que j'avais aux oreilles. Quelques années après, j'en fis venir une boîte par une dame de cette ville qui allait à Paris. Vous avez eu la bonté de me la changer dans un autre voyage que j'ai fait, avec une boîte de pilules nouvellement faites. Je viens de la donner à une personne qui en a besoin, & qui n'avait pas le moyen d'en acheter. Comme je crains toujours que ma dartre ne revienne, je suis bien aise de me précautionner & d'en avoir une boîte. J'ai prié M. le Chevalier de Cremont de me l'apporter. J'ai indiqué votre remede, Monsieur, à beaucoup de monde qui en ont fait venir, & qui s'en sont parfaitement trouvés.

Je vous prie de m'envoyer tout ce que vous aurez de meilleur & de nouvellement fait, parce que j'espere être long-temps sans m'en servir. Adieu, Monsieur, soyez bien persuadé, je vous prie, de ma reconnaissance & de mon attachement. *Signé* D'ARMAILLÉ DE VILLONTREIP.

LETTRE XIX.

Tours, le premier Août.

MONSIEUR,

Il y a déjà bien du tems, que j'avais chargé quelqu'un de vous remettre le montant de vos trois boîtes d'Antimoine; vous l'aurez peut-être reçu dans cet interval que je mets à vous répondre. Dans le cas contraire, je vous prierai d'aller en personne toucher cette somme chez M. Dutilleul, rue de Chabannois, au coin de la rue Sainte-Anne. En lui remettant votre quittance, en mon nom, vous voudrez bien lui rappeller que M. Petit, Notaire, a dû lui écrire pour ce petit ſervice.

Si vos pilules avaient beſoin d'un nouveau témoignage pour confirmer davantage leur heureux ſuccès, certainement les deux cures que je viens de voir opérer ſuffiraient pour completter les éloges dont elles ſont ſuſceptibles.... Des dartres vénériennes rongeaient la peau ſur toute ſa ſuperficie depuis cinq ans; votre Antimoine ſemble les avoir guéries définitivement... J'ai ſuivi avec beaucoup d'attention l'adminiſtration de ce remede, auquel on a joint les délayans, les dépurans; tout a diſparu; la peau eſt auſſi nette, auſſi belle que ſi elle n'eût jamais été ni rougie, ni ulcérée : on eſpere que ce ſera ſans retour.

Si je pouvais ajouter une réflexion dont je ne tire aucune conſéquence, c'eſt que l'Antimoine pourrait être plus diviſé; l'opération ſerait facile, il s'en trouverait moins dans le fonds des garde-robes. Tous ceux qui ſont attaqués de la poitrine, ceux qui crachent du ſang, &c. doivent uſer du remede avec la plus ſcrupuleuſe attention.

Vos pilules peuvent dans ce pays être de la plus grande utilité pour tant de maladies de la peau qui y ſont répandues. Je ne négligerai aucunes des circonſtances pour les faire valoir & pour vous rendre toute la juſtice que vous méritez. Votre déſintéreſſement demande encore les plus grands remercîmens pour les perſonnes qui en ont reſſenti les meilleurs effets; recevez-les par mon canal.

J'ai l'honneur d'être, avec conſidération, Monſieur, votre, &c. *Signé* DUPERRON, *Docteur en Médecine.*

Je vous renvoie à ma lettre du mois d'Avril pour ce que vous déſirez ſavoir. Je n'ai pu découvrir le nom de celui qui a diſtribué ici de vos pilules. On m'a encore aſſuré qu'il devait vous écrire inceſſament. M. l'Abbé Sorbiere, qui a uſé du remede, le tient de cet inconnu; le même Abbé, dans le tems qu'il en usait, se plaignit de ce que vous ayant écrit, vous ne lui avez pas répondu. Voilà à-peu-près tout ce que je vous ai dit dans ma précédente.

SUITE

D'OBSERVATIONS INTÉRESSANTES

Sur la préparation de l'Antimoine du sieur Jacquet.

JE ne chercherai point à relever par des éloges mendiés & souvent peu vrais, l'efficacité de mon remede, approuvé depuis long-tems de la Faculté de Médecine de Paris. Je ne détaillerai point toutes les cures que depuis deux ans les Maîtres de l'art ont faites par son ſecours. Je chéris l'humanité ; je me trouve heureux d'avoir pu la ſervir, & je ne demande au Ciel que la ceſſation des maladies auxquelles ma Préparation Antimoniale eſt propre, ou la confiance en ce remede capable d'opérer les guériſons les plus ineſpérées. Le ton de la modeſtie ne me convient plus. Il n'eſt point queſtion de décider ſi des travaux multipliés m'ont fait parvenir à compoſer un excellent remede, ou ſi un heureux haſard me l'a fait rencontrer, l'évidence eſt pour moi. Mes pilules antimoniales guériſſent les maux les plus rebelles, quand elles ſont adminiſtrées par d'habiles Médecins ; mon remede eſt bon, & je dois ſans crainte & ſans orgueil en recommander l'uſage. J'oſe aſſurer que ma préparation eſt un des meilleurs fondans qu'on puiſſe employer en Médecine. Elle a cela de particulier, que ſans avoir aucun des inconvéniens qu'on reproche à toutes les préparations où entre le mercure, elle en a toutes les propriétés. Cette préparation a de commun avec le mercure, d'être antivénérienne au plus grand degré, puiſque par ſon moyen on guérit des maladies qui ont réſiſté avec la plus grande opiniâtreté aux préparations mercurielles, aux frictions même, comme les exoſtoſes, les duretés des glandes, les gonorrhées les plus invétérées. Dans les nouvelles, qu'on nomme communément galanteries, c'eſt une chofe bien remarquable, que deux ou trois prifes de cette préparation faffent conftamment ceffer les cuiffons & les ardeurs, & guériffent en très-peu de tems. Dans tous les autres vices lymphatiques, comme les fcrophules, dartres & maladies de la peau, fa réuffite eft également certaine.

Un grand nombre de cures opérées par l'Antimoine préparé, tant dans Paris, que dans les différentes Provinces de la France & dans les pays étrangers, & légitimement conftatées, ont attiré l'attention du Gouvernement, qui en a fait paffer quarante livres dans les Ifles Françaifes, pour le compte de Sa Majefté.

Après tant de preuves évidentes

de la bonté de mon remede, on aurait lieu de me reprocher ma mal-adresse, si j'entassais récit sur récit pour en prouver l'efficacité. Ce moyen honteux est toujours la faible ressource du charlatanisme. Dans mes précédentes brochures, j'ai rapporté les propres lettres des Médecins & celles des malades, qui y font eux-mêmes le détail des maladies, de la conduite qu'ils ont tenue, & des succès de mes pilules pour leur entiere guérison. J'offre d'en communiquer les originaux. Je ne puis cependant me refuser la satisfaction de présenter au public la lettre de M. de Cabanac, Chirurgien-Major des Hôpitaux du Roi à Brest. Ses talens & son expérience méritent bien la confiance qu'il a obtenue de ſes confreres & des perſonnes qui ont recours à lui.

LETTRE XX.

A Breſt, ce 29 Février 1768.

MONSIEUR,

Il y a plus de ſix mois que j'aurais eu l'honneur de vous remermier pour la boîte de pilules antimoniales dont vous m'avez fait préſent, ſi depuis ce terme des affaires indiſpenſables ne m'euſſent point éloigné de cette Ville. Avant mon départ, j'eus occaſion d'employer ce remede merveilleux au traitement d'une pauvre fille, qui, depuis pluſieurs années, était affectée d'un virus vérolique que j'avais inutilement essayé de détruire, d'abord par les dragées de Keiser, ensuite par les frictions. Ce virus était caractérisé par une gonorrhée ancienne qui entretenait dans l'intérieur de la vulve des chancres sans nombre, & par une ophtalmie des plus considérables qui occupait les deux yeux. La cornée transparente était couverte de taches albuginées qui privaient la malade depuis plus de deux ans, des secours de la lumiere. Ce virus, dis-je, après avoir résisté à l'administration des remedes connus jusqu'alors, a enfin cédé à l'usage continué de votre Antimoine; & ce qui m'a le plus frappé, Monsieur, dans la disparition des accidens ci-dessus mentionnés, c'est la cessation de l'écoulement de la gonorrhée, qui en fut le prélude. Les chancres disparurent bientôt après, & la vue s'est parfaitement rétablie. Témoin oculaire des effets surprenans de votre Préparation, je ne puis donc, Monsieur, qu'admirer la bonté du remede, & vous assurer que personne ne l'employera avec plus de confiance que moi dans l'occasion. Je crois cependant devoir vous observer que la boîte que vous destinez à un traitement complet, a été fort insuffisante dans celui-ci; la malade ayant pris plus de deux cens pilules dans l'espace de six semaines qu'elle a été dans les remedes. Je vous observerai aussi, Monsieur, qu'elle n'a point été incommodée sur la fin du traitement par la quantité de pilules qu'elle prenait chaque jour, quoiqu'elle excédât de beaucoup le nombre prescrit par vos formules d'administration. Sans doute que les boissons abondantes, délayantes & rafraîchissantes, jointes aux lavemens fréquens & aux bains dont elle fit usage, n'auront pas peu contribué, de concert avec son tempérament flegmatique, à favoriser les bons effets du remede. Elle m'a chargé, Monsieur, de vous assurer de sa part de la plus vive reconnaissance. J'envoyai peu après, sur la fin de son traitement, de vos pilules à un Monsieur à qui je soupçonnais du virus, pour avoir eu précédemment une chaudepiſſe mal traitée. Soit qu'il n'en ait point fait uſage, ou qu'elles ayent été mal adminiſtrées par le Chirurgien du lieu éloigné où il réſide, je n'en ai plus reçu de nouvelles.

J'ai l'honneur d'être, Monſieur, avec l'eſtime la plus diſtinguée, votre, &c. *Signé* CABANAC.

Je n'ajouterai aucunes réflexions à cette letrre, qui a été choiſie entre ſoixante autres de la même force, & qui toutes enſemble prouvent de quelle utilité peut être mon remede dans toutes les maladies citées ci-deſſus, & ſurtout dans celles qui réſiſtent aux remedes les plus connus.

La

La boîte des pilules Antimoniales eſt de 24 livres pour un traitement entier, celle pour le demi traitement eſt de 12 livres. On trouve des boîtes de 4 livres pour ceux qui ne veulent les prendre que pour ſe purger ſeulement.

APPROBATION.

J'AI lu par ordre de Monſeigneur le Vice-Chancelier, un manuſcrit intitulé: *Hiſtoire abrégée de l'Antimoine & particulierement de ſa préparation*, par M. Jacquet; je le crois d'autant plus digne d'approbation, qu'il ſerait à ſouhaiter que tous ceux qui propoſent de nouveaux médicamens imitaſſent la conduite de l'Auteur de celui-ci. A Paris, ce 9 Juillet 1767.

MACQUER.

Lu & approuvé, ce 7 Février 1770.

MALOUIN.

DERNIER

ET TRÈS-IMPORTANT AVIS

Sur la Préparation Antimoniale.

LA Préparation Antimoniale a eu & ne cessera d'avoir des approbateurs. Le succès de ce remede n'est point équivoque, & ses heureux effets ſont connus de tout le monde.

Cette Préparation avoit été ſoumiſe, dès 1762, au jugement de la *Faculté de Médecine de Paris*; & d'après le rapport de huit Commiſſaires nommés pour l'examiner, elle a été approuvée.

Les atteſtations nombreuſes de toutes les guériſons opérées par cet excellent remede, prouvent que c'eſt un des meilleurs fondans qu'on puiſſe employer en Médecine. Il combat ſans retour les maladies occaſionnées par l'*épaiſſiſſement de la lymphe*, tout vice *dartreux*, *ſcrophuleux*, *vénérien*, toutes les *maladies de la peau*, & même la *gale la plus opiniâtre*.

En 1780, le ſieur Jacquet voulant obtenir l'approbation de la *Société Royale de Médecine*, on lui nomma des Commiſſaires, (MM. Jeanroy & Cornette) ſous les yeux deſquels il prépara ſon remede. L'examen en fut le plus ſévere ; & d'après cet examen, l'avis unanime de la *Société* a été de *confirmer le jugement de la Faculté*, & d'autoriſer la diſtribution de cette *Préparation Antimoniale.*

C'eſt alors qu'il a été ordonné par le Miniſtre de la Marine, que ce *remede* ſerait compris dans le nouvel état des médicamens qui s'embarquent pour les équipages. En conſéquence, il a été fourni de cette *Préparation* aux ports de Breſt, Rochefort & l'Orient. Meſſieurs les Directeurs de la *Compagnie des Indes* en ont fait paſſer auſſi dans leurs établiſſemens.

Il ne reſte plus qu'à citer l'extrait des Regiſtres de la Société Royale de Médecine.

Extrait des Regiſtres de la Société Royale de Médecine.

La Société nous ayant chargé, M. Cornette & moi, de lui rendre compte de la Préparation Antimoniale du ſieur Jacquet, nous avons vu, par les papiers qu'il nous a remis, que ſon remede avait été examiné en 1762 par la Faculté de Médecine de Paris, qui avait nommé huit Commiſſaires, pour prendre connaiſſance de cette nouvelle Préparation, & en constater l'efficacité dans plusieurs maladies. Quoique nous déférions au jugement porté par une Compagnie aussi éclairée, nous avons cru devoir nous conformer à la loi que la Société s'est imposée de n'admettre aucuns remedes, sans avoir auparavant examiné sa composition. En conséquence, nous avons exigé du sieur Jacquet qu'il préparât son remede sous nos yeux, & nous avons comparé ce dernier résultat avec une des boîtes de pilules qu'il débitait & qu'il nous avait remis avant notre examen; nous avons reconnu que cette derniere Préparation était absolument conforme à la premiere, quant à la couleur

& à la ſaveur, quoique le ſieur Jacquet ait employé l'Antimoine crud, par préférence au régule martial d'Antimoine dont il s'était ſervi lorſque la Faculté en fit l'examen. Nous penſons donc, d'après les différens principes qui ſe trouvent dans cette compoſition, que les pilules du ſieur Jacquet peuvent être un puiſſant remede dans les maladies occaſionnées par l'épaiſſiſſement de la lymphe, dans les vices dartreux, ſcrophuleux & vénériens. Nos conjectures ſont d'autant mieux fondées, que l'efficacité de ce remede ſe trouve confirmé par les certificats de pluſieurs Médecins célebres qui l'ont employé avec ſuccès dans les différentes maladies dont nous venons de parler. En conséquence, notre avis est que la Société doit confirmer le jugement de la Faculté, & accorder au sieur Jacquet la permission de vendre sa Préparation Antimoniale. *Signés* JEANROY & CORNETTE.

Je soussigné, certifie que le présent rapport est conforme à l'original, contenu dans les Registres de la Société Royale de Médecine. Au Louvre, le 31 Mars 1780.

Signé VICQ D'AZYR,
Secrétaire perpétuel.

LE PRIX DE LA BOÎTE,

CONTENANT *deux Onces,*
est de 24 livres.

ON la trouve chez l'Auteur, rue des Saints-Pères, Fauxbourg Saint-Germain, N°. 56.

A PARIS.

bourg Saint-Germain, vis-à-vis la rue du Vieux Colombier, à Paris.

On les trouve aussi chez l'Auteur, rue des Saints Peres, Fauxbourg S. Germain, n°. 56.

Le prix de la boîte, contenant deux onces, est de 24 livres.

FIN.

PRÉPARATION ANTIMONIALE
DE JACQUET.

La Préparation Antimoniale a eu & ne cessera d'avoir des approbateurs. Le succès de ce Remède n'est point équivoque, & ses heureux effets sont connus de tout le monde.

Cette Préparation avait été soumise, dès 1762, au Jugement de la *Faculté de Médecine de Paris*; & d'après le Rapport de huit Commissaires nommés pour l'examiner, elle a été approuvée.

Les attestations nombreuses de toutes les guérisons opérées par cet excellent Remède, prouvent que c'est un des meilleurs fondans qu'on puisse employer en Médecine. Il combat sans retour les maladies occasionnées par *l'épaississement de la lymphe*, tout vice *dartreux*, *scrophuleux*, *vénérien*, toutes les *maladies de la peau*, & même la *gale la plus opiniâtre.*

En 1780, le sieur Jacquet voulant obtenir l'approbation de la *Société Royale de Médecine*, on lui nomma des Commissaires (MM. Jeanroy & Cornette), sous les yeux desquels il prépara son Remède. L'examen en fut le plus sévère; & d'après cet examen, l'avis unanime de la *Société* a été de *confirmer le Jugement de la Faculté*; & d'autoriser la distribution de cette *Préparation Antimoniale.*

C'est alors qu'il a été ordonné par le Ministre de la Marine, que ce *Remède* serait compris dans le nouvel état des Médicamens qui s'embarquent pour les Equipages. En conséquence, il a été fourni de cette *Préparation* aux ports de Brest, Rochefort & l'Orient. MM. les Directeurs de la *Compagnie des Indes* en ont fait passer aussi dans leurs Etablissemens.

Il ne reste plus qu'à citer l'Extrait des Registres de la Société Royale de Médecine.

Extrait des Regiſtres de la Société Royale de Médecine.

LA Société nous ayant chargé, M. Cornette & moi, de lui rendre compte de la Préparation Antimoniale du ſieur Jacquet, nous avons vu, par les papiers qu'il nous a remis, que ſon Remède avait été examiné en 1762, par la Faculté de Médecine de Paris, qui avait nommé huit Commiſſaires, pour prendre connaiſſance de cette nouvelle Préparation & en conſtater l'efficacité dans pluſieurs maladies. Quoique nous déférions au Jugement porté par une Compagnie auſſi éclairée, nous avons cru devoir nous conformer à la loi que la Société s'eſt impoſée de n'admettre aucuns Remèdes, ſans avoir auparavant examiné ſa compoſition. En conſéquence nous avons exigé du ſieur Jacquet qu'il préparât ſon Remède ſous nos yeux, & nous avons comparé ce dernier réſultat avec une des boîtes de Pilules qu'il débitait & qu'il nous avait remis avant notre examen; nous avons reconnu que cette dernière préparation était abſolument conforme à la première, quant à la couleur & à la ſaveur, quoique le ſieur Jacquet ait employé l'antimoine crud, par préférence au régule martial d'antimoine dont il s'était ſervi lorſque la Faculté en fit l'examen. Nous penſons donc, d'après les différens principes qui ſe trouvent dans cette compoſition, que les Pilules du ſieur Jacquet peuvent être un puiſſant Remède dans les maladies occaſionnées par l'épaiſſiſſement de la lymphe, dans les vices dartreux, ſcrophuleux, & vénériens. Nos conjectures ſont d'autant mieux fondées, que l'efficacité de ce Remède ſe trouve confirmé par les Certificats de pluſieurs Médecins célèbres qui les ont employées avec ſuccès, dans les différentes maladies dont nous venons de parler. En conſéquence, notre avis eſt que la Société doit confirmer le Jugement de la Faculté, & accorder au ſieur Jacquet la permiſſion de vendre ſa Préparation Antimoniale.

Signes, JEANROY & CORNETTE.

JE ſouſſigné, certifie que le préſent rapport eſt conforme à l'original, contenu dans les Regiſtres de la Société Royale de Médecine. Au Louvre, le 31 Mars 1780.

Signé, VICQ D'AZYR,
Secrétaire perpétuel.

La demeure du Sieur JACQUET *eſt rue des Saints-Peres, maiſon de M. Bourgeois, la troiſieme porte cochere à droite en entrant par la rue de Grenelle, Faubourg S. Germain.*

Le prix de la Boîte eſt de 24 liv.

PREPARATION ANTIMONIALE
DE JACQUET.

LA PRÉPARATION ANTIMONIALE a eu & ne cessera d'avoir des approbateurs. Le succès de ce Remède n'est point équivoque, & ses heureux effets sont connus de tout le monde.

Cette Préparation avait été soumise, dès 1762, au Jugement de la *Faculté de Médecine de Paris*; & d'après le Rapport de huit Commissaires nommés pour l'examiner, elle a été approuvée.

Les attestations nombreuses de toutes les guérisons opérées par cet excellent Remède, prouvent que c'est un des meilleurs fondans qu'on puisse employer en Médecine. Il combat sans retour les maladies occasionnées par l'*épaississement de la lymphe*, tout vice *dartreux*, *scrophuleux*, *vénérien*, toutes les *maladies de la peau*, & même la *gale la plus opiniâtre*.

En 1780, le sieur JACQUET voulant obtenir l'approbation de la *Société Royale de Médecine*, on lui nomma des Commissaires (MM. JEANROY & CORNETTE), sous les yeux desquels il prépara son Remède. L'examen en fut le plus sévère; & d'après cet examen, l'avis unanime de la *Société* a été de *confirmer le Jugement de la Faculté*, & d'autoriser la distribution de cette *Préparation Antimoniale*.

C'est alors qu'il a été ordonné par le Ministre de la Marine, que ce *Remède* serait compris dans le nouvel état des Médicamens qui s'embarquent pour les Equipages. En conséquence, il a été fourni de cette *Préparation* aux ports de Brest, Rochefort & l'Orient. MM. les Directeurs de la *Compagnie des Indes* en ont fait passer aussi dans leurs Etablissemens.

Il ne reste plus qu'à citer l'Extrait des Registres de la Société Royale de Médecine.

Extrait des Régistres de la Société Royale de Médecine.

LA Société nous ayant chargé, M. CORNETTE & moi, de lui rendre compte de la Préparation Antimoniale du sieur Jacquet, nous avons vu, par les papiers qu'il nous a remis, que son Remède avait été examiné en 1762, par la Faculté de Médecine de Paris, qui avait nommé huit Commissaires, pour prendre connaissance de cette nouvelle Préparation & en constater l'efficacité dans plusieurs maladies. Quoique nous déférions au Jugement porté par une Compagnie aussi éclairée, nous avons cru devoir nous conformer à la loi que la Société s'est imposée de n'admettre aucuns Remèdes, sans avoir auparavant examiné sa composition. En conséquence, nous avons exigé du sieur Jacquet qu'il préparât son Remède sous nos yeux, & nous avons comparé ce dernier résultat avec une des boîtes de Pilules qu'il débitait & qu'il nous avait remise avant notre examen; nous avons reconnu que cette derniere préparation était absolument conforme à la premiere, quant à la couleur & à la saveur, quoique le sieur Jacquet ait employé l'antimoine crud, par préférence au régule martial d'antimoine dont il s'était servi lorsque la Faculté en fit l'examen. Nous pensons donc, d'après les différens principes qui se trouvent dans cette composition, que les Pilules du sieur Jacquet peuvent être un puissant Remède dans les maladies occasionnées par l'épaississement de la lymphe, dans les vices dartreux, scrophuleux & vénériens. Nos conjectures sont d'autant mieux fondées, que l'efficacité de ce Remède se trouve confirmée par les certificats de plusieurs Médecins célèbres, qui l'ont employé avec succès dans les différentes maladies dont nous venons de parler. En conséquence, notre avis est que la Société doit confirmer le Jugement de la Faculté, & accorder au sieur Jacquet la permission de vendre sa Préparation Antimoniale.

Signés, JEANROY & CORNETTE.

JE soussigné, certifie que le présent rapport est conforme à l'original, contenu dans le Regiſtre de la Société Royale de Médecine. Au Louvre, le 31 Mars 1780.

Signé, VICQ D'AZIR, *Secrétaire perpétuel.*

La demeure du Sieur JACQUET, *est rue des Saints-Peres, maison de M.* BOURGEOIS, *la troisième porte cochere à droite en entrant par la rue de Grenelle, Fauxbourg Saint-Germain.*

Le prix de la Boîte est de 24 livres.

PRÉPARATION ANTIMONIALE
DE JACQUET.

CETTE Préparation, approuvée par la Faculté de Médecine de Paris, est un des meilleurs fondans qu'on puisse employer en Médecine.

Elle est souveraine dans toutes les maladies qui proviennent de l'épaississement de la lymphe, comme les scrophules, dartres, qui, se trouvant répercutées, occasionnent les plus grands ravages; généralement toutes les maladies de la peau, & particulierement le lait répandu. Les cures les mieux constatées prouvent son efficacité; & c'est d'après un nombre prodigieux d'expériences solidement établies, qu'il en a été envoyé dans les Isles pour le compte du ROI, & que Messieurs les Directeurs de la Compagnie des Indes en ont fait passer dans leurs établissemens.

On conçoit que ce Reméde a quelquefois besoin, comme tous les autres, de préparations & de véhicules qui favorisent son effet.

MANIERE DE S'EN SERVIR.

Prenez quatre gros de séné, faites infuser à froid dans une pinte d'eau pendant 24 heures. Le Malade en prendra deux verres dans la matinée, coupés avec de l'eau d'orge, moitié l'un, moitié l'autre. On dînera à son ordinaire: on continuera pendant quatre jours. Ces quatre jours expirés, on commencera l'usage de l'antimoine: on prendra un potage, qui servira de souper; & en se mettant au lit, on avalera un bol, & on boira un verre d'eau sucrée par-dessus. Le matin, il prendra deux ou trois verres d'eau d'orge; continuer ainsi pendant quatre jours: le cinquième jour il en prendra deux bols pour se purger, en faisant usage du bouillon aux herbes, pour favoriser les évacuations. Le Malade dînera à son ordinaire; sa boisson sera moitié eau & moitié vin. Si deux bols ne purgeoient point, en ce cas, on continueroit chaque jour deux bols pendant quatre jours alternativement, & l'on auroit recours à l'infusion de séné indiquée; on la continueroit

www.ingramcontent.com/pod-product-compliance
Ingram Content Group UK Ltd.
Pitfield, Milton Keynes, MK11 3LW, UK
UKHW020324230726
13925UKWH00002B/606